Cornelia Hermann-Daut

Kompaktwissen für Azubis

Damit die Berufsausbildung erfolgreich wird

weConsult – Verlag

Die Verfasserin Cornelia Hermann-Daut, Betriebswirtin VWA, ist seit 1991 im Bereich Aus- und Weiterbildung tätig. Seit vielen Jahren gehört sie einem IHK-Prüfungsausschuss für die arbeits- und berufspädagogische Prüfung (Ausbildereignungsprüfung) an.

Umschlaggestaltung: Anita Schreiner, Würzburg
weConsult-Verlag Peter Collier, Würzburg
www.weconsult-verlag.de
info@weconsult-verlag.de
1. Auflage 2012
Im Vertrieb des F. Schöningh-Verlags, Würzburg
Satz: TeXService, Bremen
Druck: CPI books GmbH, Leck
ISBN 978-3-87717-847-8

HURRA, ENDLICH GESCHAFFT!

Mit dem Ende der Schulzeit beginnt ein neuer Lebensabschnitt! Ein vorhandener Berufsausbildungsvertrag ist noch mehr Grund zur Freude. Doch auf dem Weg in die Berufswelt liegen auch manche Stolpersteine, die es zu überwinden gilt.

Vorgesetzte und Kollegen bewerten regelmäßig Lern- und Leistungsbereitschaft, Engagement, Zuverlässigkeit und Verhalten. Um den Anforderungen und Pflichten während der Ausbildung gerecht zu werden, damit Ausbildende wie Kollegen die Mitarbeit als Bereicherung empfinden, sollten Auszubildende ihre Pflichten – aber auch ihre Rechte kennen.

Dieses Büchlein soll einen kleinen Beitrag dazu leisten, erfolgreich in die Ausbildung zu starten.

Eine übersichtliche Gliederung und eine leicht verständliche Schreibweise ermöglichen den Lesern, schnell und sicher die richtigen Kapitel zu finden. Neben der ausführlichen Beschreibung haben wir für den eiligen Leser die wesentlichen Inhalte einzelner Abschnitte und Kapital zusammengefasst.

Hier findet der Leser besonders wichtige Hinweise.

Hier steht die Kapitelzusammenfassung. FAZIT

Eine kleine Begriffskunde… → lässt den Leser gezielt Begriffe finden

Ein herzlicher Dank geht an Herrn Dominik Hoppe, Abteilung Personal/Ausbildung der Würth-Industrie Service GmbH & Co

KG, für zahlreiche Anregungen, sowie an Herrn Rechtsanwalt Wolfram Sauer für die rechtliche Prüfung des Manuskripts.

Wir wünschen Ihnen eine erfolgreiche Ausbildung!

Ihre

Cornelia Hermann-Daut und der Verlag

Inhaltsverzeichnis

1 | Die Berufsausbildung im dualen System

Im Jahr 2011 begannen rund 540 000 junge Menschen eine betriebliche Ausbildung. Bundesweit waren dies 4 % mehr als im Vorjahr.

Diese duale Ausbildung ist etwas, was es erstaunlicherweise nur im deutschsprachigen Raum (Deutschland, Österreich, Schweiz) gibt. Es bedeutet, dass die Berufsausbildung auf zwei Säulen gestützt wird: Betrieb und Berufsschule. Dabei finden ca. 60 % der Ausbildung im Betrieb und ca. 40 % in der Berufsschule statt.

Das Zusammenwirken der beiden Lernorte bringt dem Auszubildenden zahlreiche Vorteile: So wird der fachpraktische Teil, die Vermittlung von berufs- und betriebsspezifischen Fertigkeiten und Kenntnissen, an realen Aufgaben im Betrieb vermittelt. Betriebe können auch Zusatzqualifikationen durch überbetriebliche Lehrgänge anbieten. Die theoretischen Kenntnisse zu vermitteln, ist insbesondere Aufgabe der Schule. So können also diese beiden Partner Hand in Hand den Auszubildenden am besten fördern.

Die gesetzliche Grundlage für die Berufsausbildung ist das Berufsbildungsgesetz (BBiG). Für die einzelnen Ausbildungsberufe hat die Bundesregierung dann jeweils eine Ausbildungsordnung erlassen (§ 5 Berufsbildungsgesetz). Für das Handwerk gilt die Handwerksordnung.

Die Berufsschule unterliegt dagegen den Schulgesetzen der einzelnen Bundesländer. Das kann wiederum das eigentlich nötige Zusammenspiel zwischen Betrieb und Schule manchmal verkomplizieren. Immerhin sind die Rahmenlehrpläne der Berufsschulen inhaltlich und zeitlich mit den Vorgaben der Ausbildungsordnungen auf Grund einer Vereinbarung zwischen Bund und Ländern aufeinander abgestimmt.

1.1 Die Ausbildung gilt etwas!

Der Mensch definiert sich über das, was er ist und was er tut. Das duale Ausbildungssystem bietet zahlreichen Jugendlichen einen optimalen Start in die Arbeitswelt. Eine Berufsausbildung gewährleistet eine hohe Anerkennung bei Arbeitgebern, was den Einstieg nach einem erfolgreichen Abschluss als Fachkraft erheblich erleichtert. Denn wer gut ausgebildet ist, kann optimistisch in die Zukunft blicken. Alle der zurzeit 345 staatlich anerkannten Ausbildungsberufe werden laut Ausbildungsordnung bundeseinheitlich ausgebildet. Jeder Ausbildende muss also anhand der Vorgaben der Ausbildungsordnung die Inhalte des Ausbildungsberufes vermitteln. Selbstverständlich können darüber hinaus noch weitere Fertigkeiten und Kenntnisse vermittelt werden. Kann der Ausbildende nicht alle Inhalte im eigenen Betrieb vermitteln, so ist er verpflichtet, die fehlenden Inhalte anderweitig vermitteln zu lassen, zum Beispiel in einem Kooperationsbetrieb oder während einer überbetrieblichen Ausbildung. Damit wird gewährleistet, dass der Auszubildende alle vorgeschriebenen Fertigkeiten und Kenntnisse während der Ausbildungsdauer erwerben kann.

1.2 Leitlinie für die Ausbildung: Die Ausbildungsordnung

In der Ausbildungsordnung sind die zu vermittelnden beruflichen Mindestanforderungen und die Prüfungsanforderungen verbindlich festgelegt. Dadurch wird gewährleistet, dass die Ausbildungsberufe bundesweit auf einem vergleichbaren Niveau durchgeführt und auch geprüft werden. Die Ausbildungsordnung regelt:

- die Bezeichnung des Ausbildungsberufs,
- die Ausbildungsdauer,
- das Ausbildungsberufsbild (Mindestanforderungen),
- den Ausbildungsrahmenplan mit der sachlichen und zeitlichen Gliederung,
- die Prüfungsanforderungen.

1.3 Die Inhalte der Ausbildung

Die Inhalte der Ausbildung und ihre zeitliche und sachliche Gliederung sind im Ausbildungsrahmenplan festgelegt. Dabei sind Abweichungen im Einzelfall möglich (Flexibilitätsklausel), nicht aber der Verzicht auf einzelne Inhalte. Das bedeutet, dass der Ausbildungsbetrieb auf jeden Fall alle die vorgegebenen Fertigkeiten und Kenntnisse vermitteln muss. Damit verfügen dann am Ende der Ausbildungsdauer alle Auszubildenden über eine breit angelegte berufliche Grundbildung.

Denn sie sollen ja nach der Ausbildung in der Lage sein, eine qualifizierte berufliche Tätigkeit auszuüben. Der individuelle Ausbildungsplan ist dann Bestandteil der Vertragsniederschrift und ist bei der jeweilig zuständigen Kammer bzw. Innung durch den Ausbildenden zusammen mit dem Berufsausbildungsvertrag einzureichen. Der Auszubildende erhält davon eine Kopie.

FAZIT

Staatlich anerkannt sind Ausbildungsberufe, wenn dafür eine Ausbildungsordnung gem. § 5 BBiG erlassen wurde. Die Ausbildungsordnung regelt die betriebliche Seite der Berufsausbildung. Die Rahmenlehrpläne der Berufsschulen werden inhaltlich von den einzelnen Bundesländern vorgegeben. Bei der dualen Berufsausbildung finden der fachpraktische Teil der Berufsausbildung im Ausbildungsbetrieb und der theoretische Teil in der Berufsschule statt. Jugendliche dürfen nur in einem der 345 anerkannten Ausbildungsberufe ausgebildet werden. Der Ausbildungsrahmenplan gibt die zeitliche und sachliche Gliederung der Berufsausbildung wieder. Der Ausbildende muss alle Inhalte vermitteln. Du erhältst eine Kopie Deines individuellen Ausbildungsplans.

Der betriebliche (individuelle) Ausbildungsplan

Der Ausbildungsrahmenplan kann den individuellen Ablauf der Berufsausbildung nicht im Einzelnen wiedergeben: Der Ausbildende erstellt vielmehr anhand des Ausbildungsrahmenplans einen betrieblichen Ausbildungsplan, der die sachliche und zeitliche Gliederung der Berufsausbildung im Ausbildungsbetrieb beschreibt. Der individuelle Ausbildungsplan wird durch den Ausbildenden bei der jeweilig zuständigen Kammer bzw. Innung mit dem Berufsausbildungsvertrag gemeinsam eingereicht. Auszubildende erhalten eine Ausfertigung davon. Damit können Auszubildende jederzeit den Verlauf ihrer Berufsausbildung nachverfolgen. Der Ausbildungsplan kann inhaltlich im Bedarfsfall verändert werden, wenn z. B. die betrieblichen Leistungen und die Leistungen in der Berufsschule „gut" (2,49) sind. In diesem Fall kann eine Verkürzung der Berufsausbildung angestrebt werden (→ Verkürzung der Ausbildungsdauer).

Der individuelle Ausbildungsplan gibt Dir die Inhalte Deiner Berufsausbildung, sachlich und zeitlich gegliedert wieder. Zusammen mit der Vertragsniederschrift händigt ihn Dir Dein Ausbildender aus.

2 | Der Berufsausbildungsvertrag

2.1 Überblick

Der Berufsausbildungsvertrag ist ein privatrechtlicher Vertrag. Solche Verträge sind im Bürgerlichen Gesetzbuch (BGB) geregelt. Danach kommt ein Vertrag bereits durch zwei übereinstimmende Willenserklärungen zustande. Bereits die mündliche Zusage in einem Vorstellungsgespräch gilt als Vertragsabschluss. Das Berufsausbildungsverhältnis ist jedoch ein Rechtsverhältnis der besonderen Art, was seine gesetzlichen Regelungen im Berufsbildungsgesetz (BBiG) oder in der Handwerksordnung (HWO) findet. So muss der Berufsausbildungsvertrag unverzüglich, jedoch spätestens vor Beginn der Berufsausbildung schriftlich fixiert und von den Vertragspartnern unterzeichnet werden. Nach der Unterzeichnung muss ihn der Ausbildende zur Registrierung bei der jeweilig zuständigen Kammer bzw. Innung einreichen. Nach der Registrierung erhalten Auszubildende ein Vertragsexemplar durch den Ausbildenden.

Der Vertrag muss von allen beteiligten Personen unterzeichnet werden.

Vertretungsberechtigt sind grundsätzlich beide Elternteile gemeinsam. Nur in Ausnahmefällen reicht die Unterschrift eines Elternteils oder eines Vormunds. Bei fehlender Unterschrift der gesetzlichen Vertreter ist der Berufsausbildungsvertrag schwebend unwirksam.

Beteiligte Personen	
Ausbildender	**Auszubildender**
Unterschrift des Ausbildenden	Unterschrift des Auszubildenden
Ausbilder wird lediglich im Vertrag benannt	Minderjährige: Unterschrift der gesetzlichen Vertreter

Was muss im Berufsausbildungsvertrag stehen?

Diese Punkte gehören neben den Personendaten in einen Berufsausbildungsvertrag:

- der Ausbildungsberuf ggf. mit Fachrichtung/Schwerpunkt;
- der Schulabschluss;
- die berufliche Grundbildung;
- die Ausbildungsdauer;
- eine evtl. Verkürzung der Ausbildungsdauer;
- Beginn und Ende des Berufsausbildungsverhältnisses;
- die Dauer der Probezeit;
- Ausbildungsmaßnahmen außerhalb der Ausbildungsstätte mit Zeitangabe;
- die monatliche Brutto-Vergütung des jeweiligen Ausbildungsjahres;
- der Urlaubsanspruch des jeweiligen Ausbildungsjahres;

- die tägliche und wöchentliche Arbeitszeit;
- Ein Hinweis auf anzuwendende Tarifverträge und Betriebsvereinbarungen.

Bei jugendlichen Auszubildenden ist die Unterschrift des Berufsausbildungsvertrages durch die gesetzlichen Vertreter zwingend erforderlich. Nach der Registrierung bei der jeweilig zuständigen Kammer bzw. Innung erhalten Azubi und gesetzliche Vertreter eine Kopie gemeinsam mit dem Ausbildungsplan ausgehändigt.

Nachträgliche Änderungen

Auch eine nachträgliche Änderung des Berufsausbildungsvertrages muss grundsätzlich schriftlich erfolgen und ist von allen Vertragspartnern (Ausbildender, Auszubildende und dessen gesetzlichen Vertretern) zu unterzeichnen und bei der zuständigen Kammer bzw. Innung erneut einzureichen.

Ausbildungsbeginn vor Vertragsniederschrift?

Der Vertrag sollte vor Beginn der Berufsausbildung rechtzeitig dem Auszubildenden ausgehändigt werden. Versäumt der Ausbildende jedoch vor Beginn der Berufsausbildung die Vertragsniederschrift, können Auszubildende dennoch zum vereinbarten Zeitpunkt ihre Berufsausbildung beginnen.

FAZIT

Der Ausbildende muss auf jeden Fall den Berufsausbildungsvertrag vor Beginn der Berufsausbildung schriftlich ausfertigen. Bist Du noch Minderjährig, dann benötigst Du die Unterschrift Deiner gesetzlichen Vertreter (Eltern oder ggf. Vormund), damit der Vertrag wirksam wird. Dies gilt auch, wenn der Vertrag nachträglich noch einmal geändert wird. Erfolgt die Vertragsniederschrift verspätet, kannst Du dennoch Deine Berufsausbildung beginnen. Nachträgliche Vertragsänderungen sind schriftlich durch den Ausbildenden festzuhalten und müssen erneut von allen Vertragspartnern unterzeichnet werden. Die nochmalige Einreichung bei der jeweilig zuständigen Kammer bzw. Innung erfolgt durch den Ausbildenden. Nach der Registrierung erhältst Du ein Vertragsexemplar und den betrieblichen (individuellen) Ausbildungsplan durch den Ausbildenden. Versäumt der Ausbildende erst einmal die Niederschrift, so ist der mündlich geschlossene Berufsausbildungsvertrag dennoch rechtswirksam. Du kannst mit Deiner Berufsausbildung beginnen. Dabei hast Du die gleichen Rechte und auch Pflichten wie die anderen Auszubildenden.

2.2 Inhalt des Berufsausbildungsvertrags

Der Berufsausbildungsvertrag muss bereits bei Vertragsniederschrift Angaben über das Ziel und Aufschluss über die zeitliche und sachliche Gliederung der Berufsausbildung geben. Detaillierte Angaben bezüglich der zeitlichen und sachlichen Gliederung sind im betrieblichen (individuellen) Ausbildungsplan zu finden. Bei der Vertragsniederschrift müssen die folgenden Angaben festgehalten werden:

- Beginn und Dauer
- Dauer der Probezeit
- tägliche Arbeitszeit
- Anzahl der Urlaubstage
- Höhe der Ausbildungsvergütung
- Ausbildungsstätte
- vorgesehenen Ausbildungsmaßnahmen außerhalb der Ausbildungsstätte
- Hinweis auf Tarifverträge, Dienst- und Betriebsvereinbarungen
- Voraussetzungen für eine Kündigung

Beginn und Dauer

Das Datum des Ausbildungsbeginns und das Datum des voraussichtlichen Endes der Berufsausbildung, sowie die gesamte Ausbildungsdauer in Jahren sind schriftlich festzuhalten. Eventuelle Kann-Verkürzungen sollten bereits bei Vertragsniederschrift berücksichtigt werden (→ Verkürzung der Ausbildungsdauer).

Probezeit

Die vereinbarte Dauer der Probezeit, die mindestens einen Monat und maximal vier Monate betragen darf, muss im Berufsausbildungsvertrag festgehalten werden. Eine Verlängerung der Probezeit ist grundsätzlich ausgeschlossen. Ausnahme: Bei einer Unterbrechung um mehr als ein Drittel (wegen Krankheit) verlängert sich die Probezeit entsprechend. Eine entsprechende Regelung ist im Berufsausbildungsvertrag nachzulesen.

Grundsätzlich ist die Vereinbarung über eine Probezeit, die über die Dauer von vier Monaten hinausgeht, nichtig. Während der Probezeit kann von beiden Vertragspartnern das Berufsausbildungsverhältnis jederzeit ohne Angabe von Gründen schriftlich gekündigt werden.

Tägliche Arbeitszeit

Die höchstzulässige Arbeitszeit für jugendliche Auszubildende beträgt acht Stunden täglich, daraus ergibt sich die maximale Wochenarbeitszeit von 40 Stunden. Bei einer tarifvertraglichen Regelung der Arbeitszeit von täglich 7,5 Stunden ist die darüber hinausgehende Arbeitszeit gesondert zu zahlen oder durch Freizeit auszugleichen. Mehrarbeit liegt nicht vor, wenn die täglichen Ausbildungszeiten in zulässiger Weise verlängert werden, um dadurch eine längere Freizeit zu erreichen, z. B. wegen eines Brückentages. Ausnahme: Bei sogenannten Brückentagen kann die ausgefallene Arbeitszeit auf fünf zusammenhängende Arbeitswochen verteilt werden. Die Arbeitszeit darf auf maximal achteinhalb Stunden täglich erhöht werden.

Pausenregelungen

Pausen dürfen frühestens eine Stunde nach Beginn und spätestens eine Stunde vor Ende der Arbeitszeit gewährt werden. Der Ausbildende muss darauf achten, dass sich jugendliche Auszubildende während der Pausen außerhalb der Arbeitsräume aufhalten, so dass die Erholung nicht beeinträchtigt wird. Besteht diese Möglichkeit nicht, sind die Arbeiten während der Pausen einzustellen.

Pausenregelung für jugendliche Auszubildende

Jugendliche Auszubildende brauchen einen besonderen Schutz. Aus diesem Grund ist jugendlichen Auszubildenden bei einer Arbeitszeit von mehr als 4,5 bis sechs Stunden mindestens 30 Minuten Ruhepause und bei mehr als sechs Stunden Ruhepausen von insgesamt 60 Minuten zu ermöglichen. Die Ruhepausen müssen jeweils mindestens 15 Minuten betragen.

Pausenregelung für erwachsene Auszubildende

Erwachsenen Auszubildenden ist bei einer Arbeitszeit von sechs bis neun Stunden mindestens 30 Minuten und bei mehr als neun Stunden mindestens 45 Minuten Ruhepause zu ermöglichen. Die Ruhepausen müssen jeweils mindestens 15 Minuten betragen.

Als Ruhepause gilt nur eine Arbeitsunterbrechung von mindestens 15 Minuten. Stellt der Ausbildende keinen Pausen- bzw. Sozialraum zur Verfügung, darf während der Pausen in den Arbeitsräumen nicht gearbeitet werden.

Urlaubsanspruch

Die Mindestanzahl der Urlaubstage wird für jugendliche Auszubildende im § 19 Jugendarbeitsschutzgesetz (JArbSchG) und für erwachsene Auszubildende im Bundesurlaubsgesetz (BurlG) geregelt. Der Urlaub sollte grundsätzlich während der Berufsschulferien gewährt werden. Müssen Auszubildende während ihres Urlaubs die Berufsschule besuchen, so muss der Ausbildende für jeden Berufsschultag während des Urlaubes einen weiteren Urlaubstag gewähren. Der Ausbildungsbetrieb muss jugendlichen Auszubildenden für jedes Kalenderjahr bezahlten Erholungsurlaub gewähren. Nicht selten gelten günstigere tarifliche Regelungen. Übersteigt die Anzahl der gesetzlich vorgegebenen Urlaubstage die tarifliche Regelung, so greift die gesetzliche Regelung. Der Ausbildungsbetrieb bestimmt grundsätzlich den Urlaubszeitpunkt. Die Wünsche der Auszubildenden sollten dabei vom Ausbildenden berücksichtigt werden. Die Anzahl der Urlaubstage hängt vom Alter der Jugendlichen ab.

- Bis 16 Jahre: mindestens 30 Werktage
- Bis 17 Jahre: mindestens 27 Werktage
- Bis 18 Jahre: mindestens 25 Werktage

Maßgebend für die Berechnung Deiner Urlaubstage ist Dein Alter am 1. Januar. Glück hast Du, wenn Du beispielsweise am 2. Januar erst 17 Jahre alt wirst, dadurch stehen Dir mindestens 30 Werktage Urlaub zu. Beginnt Deine Berufsausbildung im August oder September, so wird Dein Urlaubsanspruch anteilig berechnet.

Urlaubsregelungen

Den vollen Urlaubsanspruch erwerben jugendliche und erwachsene Auszubildende erstmalig sechs Monate nach Beginn ihrer Berufsausbildung. Beginnt das Ausbildungsverhältnis zum 1. Juli oder früher, so haben Auszubildende den vollen Urlaubsanspruch. Beginnt das Berufsausbildungsverhältnis zu einem späteren Zeitpunkt, so entsteht für die Zeit ein Anspruch von monatlich einem Zwölftel des Jahresurlaubs. Endet das Berufsausbildungsverhältnis durch das Bestehen der Prüfung im Laufe des Jahres, so bleibt der Urlaubsanspruch von monatlich einem Zwölftel des Jahresurlaubs. Durch einen Arbeitgeberwechsel entsteht kein zusätzlicher Urlaubsanspruch. Der Ausbildende stellt dem zukünftigen Arbeitgeber eine Bescheinigung über den bereits gewährten Urlaub aus.

Grundsätzlich besteht der Urlaubsanspruch für das laufende Urlaubsjahr. Urlaub kann nicht „im Vorgriff" auf das nachfolgende Urlaubsjahr beansprucht werden. Hast Du bereits den Dir zustehenden Urlaubsanspruch vollständig in Anspruch genommen, so entsteht erst im kommenden Urlaubsjahr der neue Urlaubsanspruch.

Urlaubsgeld

Ein gesetzlicher Anspruch auf Urlaubsgeld besteht nicht. Die Zahlung von Urlaubsgeld ist eine freiwillige Leistung des Ausbildenden. Der Anspruch auf Ausbildungsvergütung bleibt selbstverständlich während des Urlaubs bestehen.

Ausbildungsvergütung

Wann und in welcher Höhe die Ausbildungsvergütung gezahlt werden muss, ist im Berufsausbildungsvertrag festgehalten. Der Hinweis auf eine tariflich vereinbarte Ausbildungsvergütung genügt nicht, sondern die jährlich steigende Ausbildungsvergütung muss angegeben werden. Liegt eine allgemein verbindliche tarifliche Regelung vor, können im Berufsausbildungsvertrag keine niedrigeren Vergütungssätze vereinbart werden. Bei fehlender tariflicher Vereinbarung muss eine branchenübliche Ausbildungsvergütung (Ausbildungsberuf betreffender Bereich) herangezogen werden. Eine Reduzierung der Ausbildungsvergütung bis zu 20 % unter Tarif ist möglich. Der letzte Arbeitstag des Monats ist der späteste Zahlungstermin, so dass zu Anfang des neuen Monats das Geld auf dem Konto der Auszubildenden gutgeschrieben sein muss.

Lediglich bei fehlender tariflicher Vereinbarung kann eine branchenübliche Ausbildungsvergütung gezahlt werden. Dabei ist eine Reduzierung der Ausbildungsvergütung bis zu 20 % unter Tarif möglich.

Ausbildungsstätte

Die Ausbildungsstätte ist der Ort, an dem die Berufsausbildung durchgeführt wird. Bei der Vertragsniederschrift ist dieser im Vertrag festzuhalten.

Ausbildungsmaßnahmen außerhalb der Ausbildungsstätte

Für einzelne Ausbildungsabschnitte kann es erforderlich werden, dass Auszubildende in einer Konzernzentrale, in einem externen Betrieb (Kooperationspartner) oder in speziellen außerbetrieblichen Einrichtungen ausgebildet werden. Ausbildungsmaßnahmen außerhalb der Ausbildungsstätte müssen bereits im Berufsausbildungsvertrag angegeben werden. Nachträgliche Änderungen sind im Bedarfsfall möglich. Diese Änderungen müssen der jeweilig zuständigen Kammer bzw. Innung mitgeteilt werden.

Tarifverträge, Dienst- und Betriebsvereinbarungen

Im Berufsausbildungsvertrag sollte auf Vereinbarungen aus Tarifverträgen, Dienst- und Betriebsvereinbarungen, die auch auf ein Berufsausbildungsverhältnis anzuwenden sind, hingewiesen werden. Der allgemeine Hinweis auf einen geltenden Tarifvertrag ist ausreichend.

Kündigungsvoraussetzungen

Die Voraussetzungen für eine Kündigung sind im § 22 BBiG geregelt und sind im Berufsausbildungsvertrag festzuhalten. Ausführliche Informationen zu diesem Thema (→ Kündigung).

Nichtige Vereinbarungen

Nicht jede vertraglich getroffene Vereinbarung ist gültig. So sind Vereinbarungen nichtig (unwirksam), die Auszubildende:

- nach bestandener Abschlussprüfung in ihrer Entscheidungsfreiheit bezüglich der beruflichen Weiterwicklung beschränken;
- nach Beendigung der Berufsausbildung bei der Ausübung der beruflichen Tätigkeit beschränken;
- oder dessen gesetzliche Vertreter verpflichten, eine Entschädigung für die Berufsausbildung an den Ausbildenden zu zahlen;
- verpflichtet, vor dem voraussichtlich vertraglichen Ende der Berufsausbildung dem Ausbildenden seine Absicht mitzuteilen, dass er ein Arbeitsverhältnis eingehen möchte.

Weiterhin ist eine Beschränkung von Schadensersatzansprüchen und der ausnahmslose Ausschluss von Schadensersatzansprüchen gegen den Ausbildenden unzulässig. Auch die pauschale Festlegung der Höhe von Schadensersatzansprüchen ist gesetzwidrig (→ Schadensersatz).

Innerhalb der letzten sechs Monate kannst Du die Verpflichtung eingehen, im Anschluss an Deine Berufsausbildung als Arbeitnehmer in ein Arbeitsverhältnis einzutreten. Der Ausbildende kann Dir einen befristeten, aber auch einen unbefristeten Arbeitsvertrag anbieten.

Fazit

Der Inhalt des Berufsausbildungsvertrages gibt Dir Auskunft über den Beginn, das Ende und die gesamte Ausbildungsdauer. Die Dauer der Berufsausbildung kann je nach Ausbildungsberuf variieren. Durch eine Verkürzung reduziert sich Deine Ausbildungsdauer. Im Weiteren ist die Dauer der vereinbarten Probezeit im Berufsausbildungsvertrag notiert. Regelungen über Deinen Urlaubsanspruch, der abhängig von Deinem Alter zu Jahresbeginn ist, die tägliche und wöchentliche Arbeitszeit, sowie die jährlich gestaffelte Ausbildungsvergütung kannst Du in Deinem Berufsausbildungsvertrag nachlesen.
Die Ausbildungsvergütung kann bis zu 20 % unter der branchen-/bzw. ortsüblichen Vergütung liegen, sofern keine tarifliche Vereinbarung vorliegt. Sind bereits zu Beginn Deiner Berufsausbildung Ausbildungsmaßnahmen außerhalb der Ausbildungsstätte von dem Ausbildenden geplant, so müssen diese durch den Ausbildenden bereits bei der Vertragsniederschrift angegeben werden. Auch die Kündigungsvoraussetzungen sind bei der Vertragsniederschrift festzuhalten. Schriftliche Vereinbarungen, die zu Deinen Ungunsten von den jeweils geltenden Vorschriften abweichen, sind nichtig. Jugendliche Auszubildende schützt der Gesetzgeber, so dass lediglich Vereinbarungen mit Dir getroffen werden dürfen, durch die Du einen rechtlichen Vorteil hast. Der Ausbildende kann Dir mehr Urlaub gewähren, eine höhere Ausbildungsvergütung zahlen und Dir eine Wochenarbeitszeit unter 40 Stunden anbieten.

3 | Vor Ausbildungsbeginn

Vor Beginn der Berufsausbildung sind durch den Ausbildenden wichtige Formalien zu erledigen. Auszubildende müssen rechtszeitig die erforderlichen Unterlagen vorlegen. Der Ausbildende muss Auszubildende vor Vertragsbeginn bei der jeweiligen Berufsschule anmelden. Die Anmeldungen zur Renten-, Arbeitslosen-, Kranken- und Pflegeversicherung erfolgen durch den Ausbildenden. Zusätzliche Daten können ggf. in einem Personalbogen abgefragt werden!

3.1 Erforderliche Unterlagen

Damit ein reibungsloser Start in die Berufsausbildung erfolgen kann, müssen Auszubildende dem Ausbildenden diese Unterlagen und Informationen vor Beginn übermitteln.

Seit dem Jahr 2011 benötigst Du keine Lohnsteuerkarte mehr. Es reicht nunmehr aus, wenn Du Deine steuerliche Identifikationsnummer (IdNr), Dein Geburtsdatum und Deine Religionszugehörigkeit dem Ausbildenden mitteilst. Der Ausbildende benötigt von Dir eine schriftliche Erklärung, dass es sich um Dein erstes Arbeits- bzw. Dienstverhältnis handelt. Die Steuerklasse „1" erhältst Du, wenn Du ledig bist. Die Wahl der Krankenkasse bleibt Dir überlassen. Solltest Du jedoch vor Beginn Deiner Berufsausbildung keine Krankenkasse benennen, wirst Du zukünftig bei der Krankenkasse versichert bleiben, bei der Du bereits in der Vergangenheit als mitversicherte Person versichert warst.

Unterlagen und Angaben zu Beginn der Ausbildung
Vorlage ärztliche Erstuntersuchung (jugendliche Auszubildende)
Vorlage Sozialversicherungsausweis
Seit 2011 entfällt die Lohnsteuerkarte Angabe der Steueridentifikationsnummer
Angabe Krankenversicherung Auswahl
Kontonummer Girokonto

3.2 Unbedingt wichtig: Die Erstuntersuchung

Vor Beginn der Berufsausbildung müssen jugendliche Auszubildende eine Bescheinigung über die sogenannte Erstuntersuchung vorlegen. Die Erstuntersuchung muss innerhalb der letzten 14 Monate vor Beginn der Berufsausbildung von einem Arzt durchgeführt werden.

Für die Berechnung ist der tatsächliche Beginn der Berufsausbildung maßgebend, nicht das Datum, an dem der Berufsausbildungsvertrag abgeschlossen wurde. Der Ausbildende muss die Bescheinigung über die Erstuntersuchung:

- aufbewahren bis zur Vollendung des 18. Lebensjahres;
- auf Verlangen der Berufsgenossenschaft vorlegen;
- auf Verlangen der Aufsichtsbehörde vorlegen;
- bei einem Ausbildungsplatzwechsel an den Auszubildenden aushändigen.

Durch die sogenannte Erstuntersuchung soll frühzeitig erkannt werden, ob die Berufsausbildung aus gesundheitlicher

Sicht durch die jugendlichen Auszubildenden bewältigt werden kann. Die Erstuntersuchung kann von einem Allgemeinmediziner (Hausarzt) durchgeführt werden. Ohne Bescheinigung über die Erstuntersuchung darf der Ausbildende jugendliche Auszubildende nicht beschäftigen. Darüber hinaus ist bei einer Berufsausbildung, in der Auszubildende mit Lebensmittel in Kontakt kommen, ein Gesundheitszeugnis, ausgestellt durch das jeweilige Gesundheitsamt, erforderlich.

Damit Du Deine Berufsausbildung beginnen kannst, benötigt der Ausbildende unbedingt die Bescheinigung über Deine Erstuntersuchung. Kannst Du diese Bescheinigung nicht vorlegen, darf Dich der Ausbildende nicht beschäftigen (Beschäftigungsverbot).

3.3 Die Nachuntersuchung

An dieser Stelle soll bereits auf die erste Nachuntersuchung eingegangen werden. Der Gesetzgeber gibt vor, dass der Ausbildende im neunten Ausbildungsmonat den Auszubildenden schriftlich auf die Nachuntersuchung hinweist. Die Bescheinigung über die erste Nachuntersuchung ist dem Ausbildenden vorzulegen. Jugendliche Auszubildende dürfen 14 Monate nach Ausbildungsbeginn ohne den Nachweis der Nachuntersuchung nicht weiterbeschäftigt werden. Die fehlende Bescheinigung führt neben dem erneuten absoluten Beschäftigungsverbot dazu, dass Auszubildende zur Zwischenprüfung nicht zugelassen werden. Auszubildende sind für die Untersuchungen durch den Ausbildenden freizustellen. Die Kosten für die Untersuchung trägt das jeweilige Land.

Die gesetzlich vorgeschriebene Untersuchung dient ausschließlich der Feststellung, in wie weit die Anforderungen des Ausbildungsberufes sich auf Deine Gesundheit ausgewirkt haben. Eine Weiterbeschäftigung ohne die vorgeschriebene Nachuntersuchung ist nicht zulässig.

Fazit

Damit die notwendigen Formalien durch den Ausbildenden erledigt werden können, musst Du die benötigten Unterlagen rechtzeitig zur Verfügung stellen. Denke bitte an die Bescheinigung über die Erstuntersuchung, da Dich der Ausbildende ohne die Vorlage nicht beschäftigen darf. Damit der Berufsausbildungsvertrag rechtzeitig zur Eintragung in das Verzeichnis der jeweilig zuständigen Kammer bzw. Innung durch den Ausbildenden eingereicht werden kann, solltest Du ihn umgehend nach Erhalt von Deinen gesetzlichen Vertretern (Eltern oder Vormund) unterzeichnen lassen und umgehend an dem Ausbildenden aushändigen.

4 | Verkürzungen der Ausbildungsdauer

Auf Grund schulischer Voraussetzungen kann die Dauer der Berufsausbildung bereits bei Vertragsabschluss verkürzt werden. Bei guten Leistungen (Notendurchschnitt von mindestens 2,49), bewertet durch den Ausbildungsbetrieb und die Berufsschule, kann die Berufsausbildung in gegenseitigem Einvernehmen zwischen Ausbildendem und Auszubildenden verkürzt werden. Ausbildungsbetrieb und Auszubildende können auf gemeinsamen Antrag eine Verkürzung bei der jeweilig zuständigen Kammer bzw. Innung beantragen.

4.1 Die Ausbildung kann, muss aber nicht verkürzt werden

Der Bundesgesetzgeber hat zum 01.08.2009 die früheren Anrechnungsverpflichtungen aufgehoben und dadurch grundsätzlich der freiwilligen Anrechnung stattgegeben, so dass nunmehr eine Verkürzung der Ausbildungsdauer im Ermessen des Ausbildenden und des Auszubildenden liegt. Eine Verkürzung ist dadurch nur durch Zustimmung des Ausbildenden möglich. Da in den letzten Jahren zunehmend neue Ausbildungsberufe kreiert und bestehende Ausbildungsberufe inhaltlich geändert und neu benannt wurden, nicht aber in die Anlagen der Berufsfachschulen bzw. Berufsgrundbildungsjahr aufgenommen wurden, existiert die sogenannte Muss-Verkürzung praktisch nicht mehr. Aus diesem Grund ist der Ausbildende nicht mehr verpflichtet, eine vorberufliche Bildung zukünftig anzurechnen.

4.2 Kann-Verkürzung

Bei der Kann-Verkürzung handelt es sich nicht um eine rechtlich zwingende Regelung. Sie ermöglicht lediglich die Verkürzung der in der Ausbildungsordnung vorgegebenen Ausbildungsdauer. Werden die Voraussetzungen erfüllt, kann auf gemeinsamen Antrag von Ausbildenden und Auszubildenden bei der jeweilig zuständige Kammer bzw. Innung eine Verkürzung der in der Ausbildungsordnung vorgegebenen Ausbildungsdauer beantragt werden.

Bei der Verkürzung der vorgegebenen Ausbildungsdauer muss der Ausbildungsplan durch den Ausbildenden angepasst werden, so dass das Ausbildungsziel auch in der kürzeren Zeit erreicht werden kann.

4.3 Verkürzungen im Überblick

Allgemeine Hochschulreife/Fachhochschulreife

- Verkürzung bis zu 12 Monate
- Ausbildungsvergütung 1. Ausbildungsjahr
- Vorlage ärztl. Erstuntersuchung (jugendliche Auszubildende)

Fachoberschulreife/Mittlere Reife

- Verkürzung bis zu 6 Monate

- Ausbildungsvergütung 1. Ausbildungsjahr
- Vorlage Sozialversicherungsausweis

Berufsgrundschuljahr/einjährige Berufsfachschule/mehrjährige Berufsfachschule

- Fortsetzung der Ausbildung im selben Ausbildungsberuf
- Mindestens eineinhalbfache einschlägige Berufserfahrung im angestrebten Ausbildungsberuf
- Verkürzung bis zu 12 Monaten
- Vorzeitiger Anspruch auf Ausbildungsvergütung des 2. Ausbildungsjahres
- Vorzeitige Zulassung auf Grund guter Leistungen (2,49)
- Vorlage Kontonummer Girokonto

Verkürzung bis zu 12 Monaten

Die allgemeine Hochschulreife oder Fachhochschulreife kann zu einer Verkürzung von bis zu 12 Monaten führen. Die Verkürzung wirkt sich zum Ende der Berufsausbildung aus, so dass Auszubildende keinen Anspruch auf eine vorzeitige Ausbildungsvergütung des zweiten Ausbildungsjahres haben.

Verkürzung bis zu 6 Monaten

Die „Mittlere Reife“, „Realschulabschluss“, „Fachoberschulreife“ bzw. „Mittlerer Bildungsabschluss“ (unterschiedliche Bezeichnungen in den einzelnen Bundesländern) kann zu einer Verkürzung von bis zu sechs Monaten führen. Ein vorzeitiger Anspruch auf die Ausbildungsvergütung des zweiten Ausbildungsjahres besteht nicht.

Berufsgrundbildungsjahr (BGJ)

Der erfolgreiche Besuch eines einschlägigen Berufsgrundschuljahres kann angerecht werden, wenn der Ausbildungsberuf der Fachrichtung der Berufsfachschule zugeordnet werden kann. Die Anrechnung erfolgt auf das erste Jahr der Berufsausbildung, nachdem davon ausgegangen wird, dass die Grundlagen durch das einschlägige Berufsgrundbildungsjahr abgedeckt wurden. In diesem Fall haben Auszubildende entsprechend früher Anspruch auf die Ausbildungsvergütung des zweiten Ausbildungsjahres.

Einjährige Berufsfachschule (BFS)

Der erfolgreiche Besuch einer einjährigen Berufsfachschule kann angerechnet werden, wenn der Ausbildungsberuf der Fachrichtung der Berufsfachschule zugeordnet werden kann und eine gültige Verordnung dafür vorliegt.

Auch in diesem Fall haben Auszubildende den Anspruch auf eine vorzeitige Ausbildungsvergütung des zweiten Ausbildungsjahres.

Zweijährige Berufsfachschule (Anrechnungsverordnung)

Der erfolgreiche Besuch einer zweijährigen Berufsfachschule kann als erstes Jahr der Berufsausbildung auf die Ausbildungsdauer angerechnet werden, wenn der Ausbildungsberuf der

Fachrichtung der Berufsfachschule zugeordnet werden kann und eine gültige Verordnung vorliegt.

Verkürzung bei guten Leistungen

Werden die Leistungen im Ausbildungsbetrieb und in der Berufsschule mit „gut" (2,49) bewertet, kann die Dauer der Berufsausbildung verkürzt werden. Ein Antrag kann bei der jeweilig zuständigen Kammer bzw. Innung, gemeinsam durch Auszubildende und Ausbildenden gestellt werden. Neben den Leistungsnachweisen des Ausbildenden muss das letzte Berufsschulzeugnis und die Zwischenprüfungsbescheinigung in Kopie beigefügt werden.

Erforderliche Angaben und Unterlagen im Antrag:

- Ausbildungsbetrieb
- Auszubildender
- Ausbildungsbeginn und bisher zurückgelegte Zeit
- Anzahl der Monate der Verkürzung
- Unterschrift des Ausbildenden und des Auszubildenden, bei jugendlichen Auszubildenden wird die zusätzliche Unterschrift der gesetzlichen Vertreter benötigt
- Bestätigung der ordnungsgemäßen Führung des Berichtsheftes/Ausbildungsnachweises
- Stellungnahme des Ausbildenden zu den bisherigen Leistungen
- Noten und Notendurchschnitt (Berufsschule)

4.4 Mindestdauer der Ausbildung

Die Dauer der Berufsausbildung ist in der jeweiligen Ausbildungsordnung festgelegt und kann zwischen zwei bis zu dreieinhalb Jahren betragen. Die geltenden Ausbildungsordnungen für die Ausbildungsberufe sind auf den Seiten des Bundesinstitutes für Berufsbildung www.bibb.de zu finden.

Grundsätzlich sollten folgende Mindestdauer nicht unterschritten werden:

- bei 3 ½ Jahren eine Mindestdauer von 24 Monaten;
- bei 3 Jahren eine Mindestdauer von 18 Monaten;
- bei 2 Jahren eine Mindestdauer von 12 Monaten.

Fazit

Bereits zu Beginn Deiner Berufsausbildung kann auf Grund Deines Schulabschlusses eine Verkürzung beantragt werden. Bei guten Leistungen (2,49), bewertet durch den Ausbildenden und die Berufsschule, kann während der Berufsausbildung die Ausbildungsdauer verkürzt werden. Der Antrag auf Verkürzung ist mit Begründung gemeinsam von Dir und dem Ausbildenden bei der jeweilig zuständigen Kammer zu stellen. Eine Anpassung des Berufsausbildungsvertrages und des betrieblichen (individuellen) Ausbildungsplanes wird durch den Ausbildenden vorgenommen. Eine Verkürzung ist maximal um die Hälfte der Regelausbildungsdauer möglich.

5 | Pflichten des Ausbildungsbetriebes

Der Ausbildende hat während der gesamten Ausbildungsdauer zahlreiche Pflichten gegenüber seiner Auszubildenden.

So muss der Ausbildende dafür sorgen, dass das Ausbildungsziel innerhalb der vorgesehenen Ausbildungsdauer erreicht werden kann. Dabei müssen alle Fertigkeiten und Kenntnisse vermittelt werden, die Auszubildenden das Erreichen des Ausbildungszieles ermöglichen. Die folgende Abschnitte beschreiben die weiteren Pflichten des Ausbildenden und somit im Umkehrschluss die Rechte der Auszubildenden.

Übersicht über die Pflichten des Ausbildenden

- Berufsausbildungsvertrag erstellen
- Einreichung Berufsausbildungsvertrag bei Kammer/ Innung
- Ausbilder bestellen oder selbst ausbilden
- Ausbildungsmittel zur Verfügung stellen
- Freistellung für Berufsschule
- Freistellung für externe Ausbildungsmaßnahmen
- Anmeldung und Freistellung zu Prüfungen
- Ausbildungsmittel und Prüfungsmaterial stellen

- Ausbildungsvergütung zahlen
- Entgeltfortzahlung
- Mindesturlaub gewähren
- Erweiterte Fürsorgepflicht
- Berichtsheft kontrollieren

Berufsausbildungsvertrag erstellen

Der Ausbildende ist verpflichtet, den Berufsausbildungsvertrag vor Beginn der Berufsausbildung schriftlich zu fixieren (→ Berufsausbildungsvertrag).

Vertrag bei der Kammer/Innung einreichen

Der Ausbildende ist verpflichtet, den Berufsausbildungsvertrag unverzüglich bei der jeweilig zuständigen Kammer bzw. Innung zur Eintragung einzureichen. Nachträgliche inhaltliche Änderungen des Berufsausbildungsvertrages sind unverzüglich bei der jeweilig zuständigen Kammer bzw. Innung durch den Ausbildenden einzureichen.

Der Ausbilder

Der Ausbildende hat die Möglichkeit, bei fachlicher und persönlicher Eignung, selbst auszubilden oder aber fachlich und persönlich geeignetes Personal zur Berufsausbildung einzusetzen. Der verantwortliche Ausbilder ist namentlich im Berufsausbildungsvertrag zu nennen. Dieser Ausbilder muss dafür Sorge tragen, dass alle erforderlichen Fertigkeiten und

Kenntnisse vermittelt werden, so dass Auszubildende das Ausbildungsziel erreichen können. Neben dem Ausbilder gibt es die sogenannten Ausbildungsbeauftragten, die in der jeweiligen Abteilung Teilbereiche der Berufsausbildung inhaltlich vermitteln.

Die Verantwortung, dass die einzelnen Ausbildungsinhalte während der Berufsausbildung vollständig vermittelt werden, trägt der Ausbilder. Er bleibt Dein Ansprechpartner bei Fragen rund um Deine Berufsausbildung.

Ausbildungsmittel und Prüfungsmaterial bereitstellen

Ausbildende müssen die Ausbildungsmittel, Werkstoffe und Werkzeuge, z. B. Maschinen, Geräte, technische Einrichtung, Bürotechnik, Büromaterial etc., den Auszubildenden während der gesamten Ausbildungsdauer kostenlos zur Verfügung stellen. Arbeitsmittel- und Materialien, die zum Ablegen der Zwischen- und Abschlussprüfung benötigt werden, gehören auch dazu. Der Ausbildende kann auch nur dann ausbilden, wenn er über die erforderlichen Maschinen, Einrichtungen und Arbeits- und Ausbildungsmittel verfügt. Die Ausbildungsmittel bleiben Eigentum des Ausbildungsbetriebes.

Dagegen müssen die Auszubildenden die erforderlichen Lernmittel für den Besuch der Berufsschule selbst finanzieren. In einigen Bundesländern besteht Lernmittelfreiheit.

Alle für eine ordnungsgemäße Berufsausbildung erforderlichen Ausbildungsmittel müssen Dir kostenlos während der Berufsausbildung und zu den Prüfungen durch den Ausbildenden zur Verfügung gestellt werden.

Freistellung

Der Ausbildende ist verpflichtet, berufsschulpflichtige Auszubildende zum Besuch der Berufsschule und zur Prüfungsteilnahme anzuhalten und dafür freizustellen.

Die Zeit der Teilnahme am Berufsschulunterricht, inkl. Pausen und Wegzeiten, ist auf die wöchentliche Arbeitszeit anzurechnen (→ Berufsschule).

Anmeldung zu Prüfungen

Der Ausbildende ist verpflichtet, Auszubildende für die Teilnahme an den jeweiligen Prüfungen anzumelden und die Prüfungsgebühren zu entrichten.

Externe Ausbildungsmaßnahmen

Zur Vermittlung der erforderlichen Fertigkeiten und Kenntnisse ist der Ausbildende verpflichtet. Kann er die vorgeschriebenen Inhalte nicht vollständig vermitteln, so muss er dafür Sorge tragen, dass diese Inhalte anderweitig vermittelt werden. Für externe Ausbildungsmaßnahmen und überbetriebliche Ausbildungsmaßnahmen müssen Auszubildende freigestellt werden, die Kosten für die Maßnahmen trägt der Ausbildende.

Mindesturlaub

Der Ausbildende ist verpflichtet, Auszubildenden den gesetzlich vorgeschriebenen Mindesturlaub zu gewähren. Die Anzahl der Urlaubstage ist vom Alter der Auszubildenden abhängig (s. o.)

Erweiterte Fürsorgepflicht

Neben den oben genannten Pflichten hat der Ausbildende eine Fürsorgepflicht. Dazu gehören die Förderung der charakterlichen Entwicklung und der Schutz vor sittlicher und körperlicher Gefährdung.

Entgeltfortzahlung bei Krankheit

Wenn das Berufsausbildungsverhältnis vier Wochen ohne Unterbrechung besteht, entsteht ein Entgeltfortzahlungsanspruch. Auszubildende müssen unverzüglich dem Ausbildenden mitteilen, wenn sie von der Ausbildung fernbleiben. Die voraussichtliche Dauer ist, falls bereits bekannt, anzugeben. Spätestens am vierten Tag muss die ärztliche Bescheinigung dem Ausbildenden zugehen. Der Ausbildende kann allerdings bereits ab dem ersten Krankheitstag eine Arbeitsunfähigkeitsbescheinigung verlangen. Dies gilt auch dann, wenn der Auszubildende am Berufsschulunterricht oder an sonstigen Ausbildungsmaßnahmen krankheitsbedingt nicht teilnehmen kann. Bis zu maximal sechs Wochen erfolgt die Entgeltfortzahlung im Krankheitsfall. Im Anschluss daran erhalten Auszubildende Krankengeld von der Krankenkasse.

Erst vier Wochen nach Beginn der Berufsausbildung hast Du Anspruch auf eine Entgeltfortzahlung. Unentschuldigte Fehlzeiten können zu einer Kündigung (aus wichtigem Grund) führen (→ Kündigung).

Ausbildungsvergütung

Die Höhe der monatlichen Ausbildungsvergütung (Bruttobetrag), die jährlich ansteigt, ist dem Berufsausbildungsvertrag zu entnehmen. Es gibt eine Menge gesetzlicher Pflichtversicherungen, die dem Arbeitnehmer, also auch dem Auszubildenden, automatisch von der Ausbildungsvergütung abgezogen werden. Der Arbeitgeber muss dann seinen Arbeitgeberanteil hinzufügen und den Gesamtbetrag an die Sozialversicherung abführen. Der Nettobetrag (Nettobetrag) muss spätestens am letzten Arbeitstag des Monats auf dem Konto des Auszubildenden gutgeschrieben werden. Endet die Berufsausbildung innerhalb eines Monats, so ist die Ausbildungsvergütung anteilig zu zahlen. Jeder Arbeitstag ist mit einem Dreißigstel der vereinbarten Ausbildungsvergütung vom Ausbildenden zu vergüten.

Ausbildungsnachweis („Berichtsheft")

Den Ausbildungsnachweis, in der Praxis oft auch als Berichtsheft Ausbildungsnachweis bezeichnet, stellt der Ausbildende seinen Auszubildenden unentgeltlich zur Verfügung. Auszubildende sind verpflichtet, die bisher vermittelten Lerninhalte der Berufsschule und die betrieblichen Unterweisungen regelmäßig einzutragen. Das Berichtsheft, ein nützliches Nachschlagewerk für Auszubildende spiegelt die Inhalte der Berufsausbildung. Der Ausbilder prüft und unterzeichnet in regelmäßigen Abständen die Eintragungen. Die Eintragungen kann der Auszubildende während der Arbeitszeit vornehmen. Das ordnungsgemäße Führen des Berichtsheftes ist eine Voraussetzung zur Prüfungszulassung. Wurden die vorgeschriebenen Ausbildungsinhalte nicht vollständig vermittelt, so kann das Berichtsheft ein Nachweis sein, falls Auszubildende aus diesem Grund die Abschlussprüfung nicht bestehen. Die Verweigerung, das vorgeschriebene Berichtsheft/den Ausbildungsnachweis zu führen, stellt eine Pflichtverletzung dar und kann zu einer Kündigung aus wichtigem Grund führen.

Nutze das Berichtsheft/den Ausbildungsnachweis als Selbstkontrolle und lerne dabei die Dir vermittelten Fertigkeiten und Kenntnisse schriftlich und ggf. zeichnerisch darzustellen. Daneben dient es Dir auch als nützliches Nachschlagewerk bei Deinen Vorbereitungen.

Fazit

Der Ausbildende hat eine Vielzahl von Pflichten während der gesamten Ausbildungsdauer Dir gegenüber. Es liegt in der Verantwortung des Ausbildenden, dass Dir während der Ausbildungsdauer alle erforderlichen Fertigkeiten und Kenntnisse vermittelt werden. Die von Dir benötigten Arbeitsmittel stellt Dir der Ausbildende während der gesamten Ausbildungsdauer und zu den jeweiligen Prüfungen zur Verfügung. Die Ausbildungsmittel bleiben Eigentum des Ausbildenden.
Das Berichtsheft/den Ausbildungsnachweis erhältst Du vom Ausbildenden. Die Eintragungen kannst Du während Deiner Arbeitszeit vornehmen.
Im Krankheitsfall wird Dir nach Ablauf der ersten vier Wochen Deine Ausbildungsvergütung (Entgeltfortzahlung) bis zu sechs Wochen weitergezahlt. Für Deine Teilnahme am Berufsschulunterricht und an den vorgeschriebenen Prüfungen stellt Dich der Ausbildende frei. Auch für die Teilnahme an externen und überbetrieblichen Ausbildungsmaßnahmen stellt Dich der Ausbildende frei. Er übernimmt auch die anfallenden Kosten.

6 | Pflichten des Auszubildenden

Natürlich haben Auszubildende auch Pflichten. Im Folgenden haben wir sie beschrieben.

6.1 Die Pflichten des Auszubildenden

Pflichten der Auszubildenden

- Lernpflicht
- Sorgfaltspflicht
- Weisungen folgen
- Sicherheitsvorkehrungen beachten
- Geschäfts- und Betriebsgeheimnisse wahren
- Bestimmungsgemäßer und pfleglicher Gebrauch der Ausbildungsmittel
- Fehlzeiten entschuldigen
- Berichtsheft führen
- Teilnahme an Ausbildungsmaßnahmen, für die er freigestellt ist
- Teilnahme an überbetrieblichen Maßnahmen

- Teilnahme am Berufsschulunterricht
- Vorlage des Berufsschulzeugnisses
- Teilnahme an den jeweiligen Prüfungen

Lernpflicht

Die Hauptpflicht des Auszubildenden schlechthin ist die Lernpflicht. Neben den erforderlichen Fertigkeiten und Kenntnissen, die im Ausbildungsbetrieb vermittelt werden, muss sich der Auszubildende auch das erforderliche Wissen, das in der Berufsschule zur Vorbereitung auf Prüfungen vermittelt wird, aneignen.

Sorgfaltspflicht

Auszubildende müssen die ihnen übertragenen Aufgaben sorgfältig erledigen. Dazu gehört auch der sorgfältige Umgang mit Werkzeugen, Maschinen und sonstigen Arbeitsmitteln sowie Einrichtungsgegenständen, die den Auszubildenden während der gesamten Ausbildungsdauer zur Verfügung gestellt werden.

Weisungen befolgen

Auszubildende müssen den Weisungen des Ausbildenden oder anderer weisungsbefugter Personen folgen. Dazu zählen alle Weisungen, die der Durchführung der Berufsausbildung und dem Zweck dienen, das Ziel der Ausbildung in der dafür vorgesehenen Zeit zu erreichen.

Sicherheitsvorschriften beachten

Alle Mitarbeiter, also auch die Auszubildenden, sind verpflichtet, die Sicherheits- und Unfallverhütungsvorschriften einzuhalten. Das bedeutet auch, dass vorgeschriebene Schutz- und Sicherheitsbekleidung (Sicherheitsschuhe, Schutzhelm und ggf. Schutzbrille) den Vorschriften entsprechend zu tragen ist. Auch die Hausordnung ist zu beachten.

Betriebs- und Geschäftsgeheimnisse wahren

Der Ausbildende hat ein berechtigtes Interesse daran, dass neben den Personal- und Kundendaten auch die Daten seiner Geschäftspartner außenstehenden Personen nicht bekannt werden. Deshalb müssen auch Auszubildende hierüber stets Stillschweigen wahren. Üblicherweise wird darauf bereits bei Vertragsabschluss hingewiesen. Die Verpflichtung beginnt mit der Unterzeichnung des Berufsausbildungsvertrages. Denn schon zu diesem Zeitpunkt wird man dem neuen Mitarbeiter Informationen geben, die nicht für Jedermann geeignet sind. Zu den Betriebsgeheimnissen zählen neben dem technischen Know-how auch Rezepturen, Herstellungsverfahren, Konstruktionspläne, Kunden- und Auftragsdaten, Personaldaten und alle wirtschaftlichen Daten des Betriebs, die üblicherweise nicht veröffentlicht werden. Auszubildende haben in der Regel auf diese Daten keinen Zugriff.

Anders ist dies im Fall von Kunden- und Lieferantendaten oder auch Personaldaten. Hier haben bereits Auszubildende je nach dem Stand der Berufsausbildung in einzelnen Abteilungen erste Einblicke in Betriebs- und Geschäftsgeheimnisse. Der Inhalt des Ausbildungsvertrages und die vermittelten Fertigkeiten und Kenntnisse zählen jedoch nicht zu den Betriebs- und Geschäftsgeheimnissen.

Als Faustregel gilt: Alles was der Ausbildende nur einem begrenzten Personenkreis zugängig macht, ist von Dir stets geheim zu halten. Auch dann, wenn in Deinem Vertrag kein ausdrücklicher Hinweis enthalten ist, verpflichtet Dich die Treuepflicht gegenüber dem Arbeitgeber hierzu.

Pfleglicher Gebrauch der Arbeitsmittel

Auszubildende müssen die zur Verfügung gestellten Arbeits- und Ausbildungsmittel bestimmungsgemäß einsetzen. Sie müssen pfleglich damit umgehen und sie reinigen und warten.

Nicht unentschuldigt fehlen

Für Fehlzeiten muss sich der Auszubildende entsprechend der betrieblichen Regelung rechtzeitig in der vorgeschriebenen Weise entschuldigen. Bei Fehlzeiten wegen Krankheit muss dem Ausbildenden spätestens am vierten Tag eine Arbeitsunfähigkeitsbescheinigung zugehen.

Unentschuldigtes Fehlen kann sogar zu einer Kündigung führen. Der Ausbildende kann von Dir bereits ab dem ersten Fehltag eine Arbeitsunfähigkeitsbescheinigung verlangen.

Ausbildungsnachweis („Berichtsheft") führen

Auszubildende sind verpflichtet, einen Ausbildungsnachweis zu führen. Dieser kann – wie bereits erwähnt – während der Arbeitszeit geschrieben werden. Die Eintragungen sind dem verantwortlichen Ausbilder regelmäßig unaufgefordert zur Unterzeichnung vorzulegen. Das Führen des Ausbildungsnachweises ist eine Voraussetzung zur Prüfungszulassung.

An Ausbildungsmaßnahmen teilnehmen

Ausbildungsmaßnahmen, zu denen der Betrieb den Auszubildenden freistellt, müssen auch wahrgenommen werden, sofern kein berechtigter Grund für die Nichtteilnahme nachgewiesen werden kann, z. B. durch Krankheit. Die Kosten für die jeweilige Ausbildungsmaßnahme trägt der Ausbildende.

An überbetrieblichen Maßnahmen teilnehmen

Auszubildende müssen an den vorgegebenen überbetrieblichen Maßnahmen teilnehmen.

Die Kosten für die Teilnahme trägt der Ausbildende.

Am Berufsschulunterricht teilnehmen

Berufsschulpflichtige Auszubildende sind zur Teilnahme am Berufsschulunterricht verpflichtet. Auszubildende, die ihre Berufsschulpflicht erfüllt haben, können dennoch durch den Ausbildenden vertraglich zum Besuch der Berufsschule verpflichtet werden. Andernfalls müsste der Ausbildende die fachtheoretischen Inhalte der Berufsschule selbst vermitteln.

Die vertragliche Verpflichtung, am Berufsschulunterricht teilzunehmen, ist bindend. Die Verweigerung der Teilnahme kann ein Grund für eine Kündigung sein (→ Kündigung aus „wichtigem Grund").

Das Berufsschulzeugnis vorlegen

Das Berufsschulzeugnis ist unmittelbar nach Erhalt dem Ausbildenden vorzulegen. Der Verstoß gegen diese Vorschrift rechtfertigt jedoch keine Kündigung.

An Prüfungen teilnehmen

Auszubildende müssen an den vorgeschriebenen Prüfungen teilnehmen. Die Anmeldung und die Zahlung der Prüfungsgebühren erfolgt durch den Ausbildenden. Kann der Auszubildende aus gesundheitlichen Gründen nicht an der vorgeschriebenen Prüfung teilnehmen, so muss er den Grund schriftlich nachweisen, z. B. durch eine Arbeitsunfähigkeitsbescheinigung.

Nebenbeschäftigung anmelden

Auszubildende haben in der Regel kaum Zeit, einer Nebenbeschäftigung nachzugehen. Grundsätzlich ist eine Nebenbeschäftigung nicht verboten. Auszubildende sind aber verpflichtet, sich nach besten Kräften zu bemühen, das Ausbildungsziel innerhalb der dafür vorgesehenen Zeit zu erreichen. Das Jugendarbeitsschutzgesetz (JArbSchG) gibt ferner eine wöchentliche Höchstarbeitszeit von 40 Stunden vor. Durch eine Nebenbeschäftigung könnte diese Zeit überschritten werden. Bei einer zeitlich eingeschränkten Nebentätigkeit, die dem Ausbildungsziel nicht zuwiderläuft, gibt es jedoch keinen Grund, dass der Ausbildende seine Zustimmung verweigert.

Auszubildende dürfen auch während des Urlaubs keine dem Urlaubszweck widersprechende Erwerbstätigkeit ausüben, gem. § 8 Bundesurlaubsgesetz (BurlG). Der Ausbildende kann vom Auszubildenden verlangen, eine solche Erwerbstätigkeit zu unterlassen. Bei fortgesetztem Verstoß hiergegen riskiert der Azubi eine Kündigung.

Ohne ausdrückliche Einwilligung des Ausbildenden solltest Du auf keinen Fall eine Nebenbeschäftigung aufnehmen. Während Deines Urlaubs darfst Du keiner Erwerbstätigkeit nachgehen.

6.2 Die Abmahnung

Wenn ein Azubi gegen seine Pflichten verstößt, kann ihn der Arbeitgeber abmahnen. Das Wort mag harmlos klingen – tatsächlich handelt es sich um eine massive Warnung des Arbeitgebers. Setzt sich der Azubi über sie hinweg, dann kann dies sogar zu einer Kündigung führen. Der Grund für die Abmahnung darf nicht länger als zwei Wochen zurückliegen. Damit Auszubildende ihr Fehlverhalten erkennen können, muss der Vertragsverstoß in der Abmahnung genau beschrieben werden.

Abmahnungsgründe

- unentschuldigte Fehlzeiten
- Fernbleiben vom Berufsschulunterricht
- Arbeitsverweigerung
- Störung des Betriebsfriedens
- unerlaubtes Verlassen der Arbeitsstätte
- Verweigerung, das Berichtsheft/den Ausbildungsnachweis zu führen
- Nebentätigkeit ohne Genehmigung
- Wiederholte Verspätungen
- eigenmächtiger Urlaubsantritt
- wiederholtes Überziehen der Pausen

Was muss in einer Abmahnung stehen?

Diese Angaben gehören in eine Abmahnung:

- eine konkrete Schilderung des Fehlverhaltens unter Angabe von Datum, Uhrzeit und Ort;
- die Erläuterung, warum dieses Verhalten eine Pflichtverletzung darstellt;
- die eindringliche Aufforderung, sich künftig einwandfrei zu verhalten;
- eine unmissverständliche Warnung, dass im Wiederholungsfalle mit einer Kündigung zu rechnen ist.

Diese Vorgaben gelten für jede Abmahnung. Der abzumahnende Verstoß darf nicht länger als zwei Wochen zurückliegen.

Wirksamkeit der Abmahnung

Damit eine Abmahnung wirksam wird, muss sie dem Auszubildenden bzw. bei jugendlichen Auszubildenden dessen gesetzlichem Vertreter zugehen. Wie lange der Ausbildende die Abmahnung in der Personalakte aufbewahrt, hängt in der Regel von dem abgemahnten Verstoß und von dem Ausbildenden ab.

Kann nach einer Abmahnung gekündigt werden?

Jede Art von vertragswidrigem Verhalten kann zu einer Abmahnung führen. Sind die Gründe der Abmahnungen jedoch anderer Art, so führen diese zwar vielleicht zu einer weiteren Abmahnung, aber nicht zu einer Kündigung.

Wirksame Kündigung nach Abmahnungen

In einem Ausbildungsverhältnis wird der Ausbilder meistens erst nach mehreren Abmahnungen in der gleichen Sache zur Kündigung greifen. Zum Beispiel, wenn der Azubi immer wieder zu spät zum Dienst erscheint. Stellt der Ausbildende jetzt aber fest, dass der Azubi seine ihm anvertrauten Gegenstände schludrig behandelt und nicht pflegt, dann liegt ein ganz neuer Verstoß vor. Solche Abmahnungen können dann nicht „zusammengerechnet" werden.

Wie lange wirkt eine Abmahnung nach?

Auszubildende, die längere Zeit ihre Pflichten erfüllt haben, können davon ausgehen, dass eine Abmahnung gegenstandslos wird. Abmahnungen, die länger als ein Jahr zurückliegen, werden in der Regel der Personalakte entnommen.

Es bleibt dem Ausbildenden überlassen, wie viele Abmahnungen er Dir schreibt. Spätestens, wenn eine Abmahnung einen Hinweis enthält, wie z. B. „letzte Abmahnung", solltest Du Dein Verhalten schnellstens grundlegend ändern!

Kündigung ohne vorhergehende Abmahnung

Unter Umständen kann eine Abmahnung vor einer Kündigung entbehrlich sein, wenn ein schwerwiegender Verstoß gegen die vertraglichen Pflichten aus dem Berufsausbildungsvertrag vorliegt. So kann eine vorherige Abmahnung entbehrlich werden bei:

- endgültiger Störung des Vertrauensbereichs (z. B. Diebstahl, Betrug, Unterschlagung);

- besonders schwerem Fehlverhalten (z. B. grobe Beleidigung oder tätlichem Angriff oder sexueller Belästigung).

FAZIT

Nach all den Unwägbarkeiten während der Probezeit siehst Du nunmehr alles entspannter, nachdem Dir der Ausbildende sein Vertrauen gezeigt hat, dass Du erfolgreich das Ausbildungsziel erreichen kannst. Verspätungen, unentschuldigte Fehlzeiten im Ausbildungsbetrieb und in der Berufsschule etc. können aber auch nach der Probezeit zu einer Kündigung führen. Für ein Fehlverhalten wird ein Azubi in der Regel erst einmal abgemahnt. Jede Abmahnung ist ein Hinweis auf ein Fehlverhalten. Mehrfache fruchtlose Abmahnungen können auch in einem Ausbildungsverhältnis eine Kündigung rechtfertigen. Eine solche Kündigung aus wichtigem Grund kann die gesamte Planung Deiner beruflichen Laufbahn über den Haufen werfen. Liegt ein schwerwiegender Grund vor, so kann Dir der Ausbildende auch ohne Abmahnung mit sofortiger Wirkung kündigen.

7 | Kündigung des Berufsausbildungsverhältnisses

Das Berufsausbildungsverhältnis ist ein Vertragsverhältnis der besonderen Art. Die Regelungen darüber sind im Berufsbildungsgesetz (BBiG) zu finden.

7.1 Kündigung durch den Ausbildenden

Kündigung vor Ausbildungsbeginn

Die Kündigung vor Ausbildungsbeginn ist durch beide Seiten ohne Einhaltung einer Kündigungsfrist möglich, wenn die Parteien im Vertrag nichts anderes vereinbart haben. Dies hat das Bundesarbeitsgericht entschieden.

Kündigung während der Probezeit

Der Ausbildende kann das Berufsausbildungsverhältnis während der Probezeit jederzeit ohne Einhaltung einer Kündigungsfrist schriftlich kündigen. Gründe für die Kündigung muss der Ausbildende nicht angeben. Das Kündigungsschreiben muss dem Empfänger spätestens am letzten Tag der Probezeit zugehen. Bei jugendlichen Auszubildenden muss die Kündigung auch den gesetzlichen Vertretern, in der Regel den Eltern zugehen – aber das haben wir bereits oben dargestellt!

Ordentliche Kündigung nach der Probezeit?

Eine ordentliche Kündigung des Berufsausbildungsverhältnisses nach der Probezeit ist durch den Ausbildenden nicht möglich; sie kann auch vertraglich nicht vereinbart werden. Ist dennoch eine abweichende Vereinbarung in der Vertragsniederschrift getroffen worden, so ist diese nichtig.

Vor Beginn des Berufsausbildungsverhältnisses und während der Probezeit kann der Berufsausbildungsvertrag schriftlich gekündigt werden. Nach der Probezeit kann Dir der Ausbildende grundsätzlich nur noch aus wichtigem Grund kündigen. Etwaige anders lautende Vereinbarungen im Ausbildungsvertrag sind unwirksam.

Außerordentliche Kündigung aus „wichtigem Grund"

Nach der Probezeit kann der Ausbildende auf Grund eines „wichtigen Grundes" außerordentlich kündigen. Einer solchen Kündigung aus wichtigem Grund müssen i. d. R. mehrere schriftliche Abmahnungen vorausgehen. Der wichtige Grund darf dem Ausbildenden jedoch nicht länger als zwei Wochen bekannt sein.

Praxisbeispiel: *Firmenchef Huber erfährt am 10. Juni, dass der Azubi Gabriel aus einer Tasche eines Kollegen im Aufenthaltsraum Geld gestohlen hat. Er will das Ausbildungsverhältnis kündigen. Diese (schriftliche) Kündigung muss dann spätestens am 24. Juni in der Hand von Gabriel sein.*

Außerdem muss der Ausbildende vor der Kündigung den Betriebsrat anhören.

Was ist ein „wichtiger Grund"? – Ein wichtiger Grund liegt dann vor, wenn dem Ausbildenden die Fortsetzung des Ausbildungsverhältnisses bis zum Ablauf der Ausbildungsdauer

nicht länger zugemutet werden kann. Dabei sind alle Umstände des Einzelfalls zu berücksichtigen. Je länger das Berufsausbildungsverhältnis besteht, umso höher sind die Anforderungen an die Voraussetzungen für eine Kündigung. So wird eine Kündigung kurz vor Ende der Berufsausbildung nur bei ganz besonders schwerwiegenden Vertrauensverstößen durchgesetzt werden. Mitglieder der Jugend- und Auszubildendenvertretung (JAV) genießen einen besonderen Schutz.

Bei ihnen muss der Betriebsrat der außerordentlichen Kündigung sogar zustimmen.

Fristlose Kündigung ohne Abmahnung

Bei gravierendem Fehlverhalten, z. B. Diebstahl oder Tätlichkeiten gegenüber Vorgesetzten oder Kollegen kann der Ausbildende auch ohne vorherige Abmahnung fristlos kündigen.

Ein Auszubildender wird durch den Gesetzgeber besonders geschützt. Nach der Probezeit kann der Ausbildende nur aus „wichtigem Grund", oder „fristlos" bei gravierendem Fehlverhalten kündigen.

7.2 Kündigung durch den Auszubildenden

Auszubildende können das Berufsausbildungsverhältnis sowohl durch eine ordentliche Kündigung als auch durch eine Kündigung aus wichtigem Grund beenden. In beiden Fällen muss die Kündigung schriftlich unter Angabe des Kündigungsgrundes erfolgen. Jugendliche Auszubildende benötigen das Einverständnis der gesetzlichen Vertreter.

Kündigung vor Ausbildungsbeginn

Das, was oben über die Kündigungsmöglichkeit des Ausbildenden gesagt wurde, gilt auch für den Azubi: Sofern nicht ausdrücklich etwas anderes im Vertrag vereinbart wurde, darf der Azubi auch vor Vertragsbeginn kündigen. Eine Kündigungsfrist ist dabei nicht einzuhalten. Jugendliche Auszubildende benötigen auch hierzu das Einverständnis der gesetzlichen Vertreter. Der Gesetzgeber hat auch keinen Schadensersatzanspruch für Ausbildende vorgesehen, wenn ein Auszubildender zum Ausbildungsbeginn nicht erscheint.

Kündigung innerhalb der Probezeit

Auch Auszubildende können während der Probezeit jederzeit das Ausbildungsverhältnis ohne Einhaltung einer Kündigungsfrist und ohne Angabe von Gründen schriftlich kündigen. Grundsätzlich muss das Kündigungsschreiben dem Empfänger, in diesem Fall dem Ausbildenden, spätestens am letzten Tag der Probezeit zugehen.

Den Schritt, Deinen Ausbildungsvertrag zu kündigen, solltest Du Dir sehr sorgfältig überlegen. Es kann mit erheblichen Problemen verbunden sein, zu diesem Zeitpunkt einen anderen Ausbildungsplatz zu finden: Unter Umständen könntest Du ein ganzes Jahr Zeit verlieren.

Kündigung nach der Probezeit

Der Berufsausbildungsvertrag ist ein zweckgebundenes und zeitlich befristetes Vertragsverhältnis. Nach der Probezeit können Auszubildende das Berufsausbildungsverhältnis durch eine ordentliche Kündigung oder durch eine außerordentliche Kündigung aus „wichtigem Grund" beenden.

Ordentliche Kündigung

Auszubildende, die das Vertragsverhältnis vorzeitig beenden möchten, können schriftlich unter Angabe des Kündigungsgrundes kündigen. Sie müssen dabei eine Frist von vier Wochen einhalten. Das Gesetz erlaubt diese Kündigung jedoch nur unter zwei Gründen:

- wenn der Auszubildende generell die Berufsausbildung aufgeben möchten oder
- wenn er in einen anderen Ausbildungsberuf wechseln will. Häufige Gründe für einen Wechsel sind z. B. gesundheitliche Gründe.

Praxisbeispiel: *Beim Azubi David wird eine Mehlstauballergie festgestellt. Dies berechtigt ihn, das Ausbildungsverhältnis ordentlich zu kündigen.*

Bei einer Kündigung bleiben Deine Ansprüche auf restliche Ausbildungsvergütung, Urlaub und ein Ausbildungszeugnis bestehen.

Kündigung aus wichtigem Grund

Liegt ein wichtiger Grund vor, so dass der Fortgang der Berufsausbildung für den Auszubildenden unzumutbar wird, kann dieser außerordentlich (d. h. in der Regel fristlos) kündigen. Gründe, die zu einer außerordentlichen und fristlosen Kündigung berechtigen, können vorliegen, wenn der Ausbildende seine Pflichten schwerwiegend verletzt: z. B. Missachtung der Vorschriften aus dem Jugendarbeitsschutzgesetz und Arbeitszeitgesetz, ständig ausbildungsfremde Tätigkeiten, sexuelle Belästigung, körperliche Gewalt und Diskriminierung. Bei der fristlosen Kündigung können Auszubildende ihre Arbeit sofort einstellen, sobald die schriftliche Kündigung dem Ausbildenden zugegangen ist, ohne dass der Ausbildende Schadensersatzansprüche geltend machen kann. Jugendliche Auszubildende benötigten die Unterschrift der gesetzlichen Vertreter.

Ein wichtiger Grund liegt dann vor, wenn Dir unter den gegebenen Umständen die Fortsetzung des Berufsausbildungsver-

hältnisses bis zum Ende der Ausbildungszeit nicht zugemutet werden kann. Deine Ansprüche auf restliche Ausbildungsvergütung, Urlaub und Ausbildungszeugnis bleiben bestehen.

7.3 Aufhebungs- oder Auflösungsvertrag

Durch einen Aufhebungsvertrag lässt sich ein Vertragsverhältnis einvernehmlich auflösen. Beide Vertragspartner erklären damit, dass sie mit der Vertragsauflösung einverstanden sind. Dabei ist jedoch zu berücksichtigen, dass gegen einen Aufhebungsvertrag kein Widerspruch eingelegt werden kann. Hier sind keine Fristen einzuhalten. Wird das Berufsausbildungsverhältnis in gegenseitigem Einvernehmen durch einen Aufhebungsvertrag beendet, sollten sich beide Seiten auch über den bestehenden Urlaubsanspruch, anteilige Ausbildungsvergütung und die evtl. Rückgabe von betrieblichen Ausbildungsmitteln verständigen. Ein Azubi sollte sich auch zuvor darüber informieren, ob er dann dadurch von der Agentur für Arbeit für eine gewisse Zeit für den Bezug eines Arbeitslosengelds gesperrt wird!

Fazit

Während der Probezeit kannst sowohl Du als auch der Ausbildende ohne Angabe von Gründen und ohne Einhaltung von Fristen den Vertrag schriftlich kündigen. Nach der Probezeit kann Dir der Ausbildende nur aus wichtigem Grund kündigen. Der wichtige Grund darf nicht länger als zwei Wochen zurückliegen. Du hingegen kannst auch ordentlich mit einer Frist von vier Wochen kündigen, wenn Du Deine Berufsausbildung vollständig aufgibst oder in einen anderen Beruf wechseln möchtest. Daneben steht Dir genauso wie dem Ausbildenden der Weg einer außerordentlichen Kündigung offen.
Jeder Wechsel kann aber neue Probleme mit sich bringen. Also erst einmal ein klärendes Gespräch mit dem Ausbildenden führen und, falls erforderlich, mit dem Ausbildungsbeauftragten der zuständigen Kammer bzw. Innung in Kontakt treten.

7.4 Der Schlichtungsausschuss

Gibt es Streitigkeiten während der Berufsausbildung, die von den Vertragspartnern nicht gelöst werden können, kann der Schlichtungsausschuss der jeweilig zuständigen Kammer bzw. Innung angerufen werden. Die Kammer hat dafür einen eigenen Schlichtungsausschuss. Dieser setzt sich aus der gleichen Anzahl von Arbeitgeber- und Arbeitnehmervertretern zusammen. Vor einem Gang zum Arbeitsgericht muss der Schlichtungsausschuss angerufen werden. Auszubildende, die sich gegen eine durch den Ausbildenden ausgesprochene Kündigung wehren wollen, müssen zunächst einen Antrag auf Durchführung eines Schlichtungsverfahrens vor dem Schlichtungsausschuss der jeweilig zuständigen Kammer bzw. Innung stellen. Die Schlichter bemühen sich grundsätzlich um eine gütliche Einigung, so dass oft der Gang zum Arbeitsgericht nicht mehr erforderlich wird.

Sollte die Schlichtung fehlschlagen, besteht die Möglichkeit, Klage vor dem örtlich zuständigen Arbeitsgericht zu erheben. Vor dem Arbeitsgericht muss man nicht durch einen Anwalt vertreten sein.

8 | Haftung

Praxisbeispiel: *Der 18-jährige Azubi Christian beschädigt bei der Arbeit mit dem Gabelstapler eine Palette. Der Schaden an der Ware beläuft sich auf 1 000 €. Wer haftet?*

Ähnliche Fragen können in einer Ausbildung immer wieder einmal auftauchen. Die Gerichte haben die Haftung von Azubis sehr stark eingegrenzt. Wichtig hierbei ist u. a., ob die übertragenen Tätigkeiten dem Fortgang der Berufsausbildung entsprechen und Auszubildende die Folgen ihrer Handlungen somit auch einschätzen können. Vorsatz wird immer dazu führen, dass derjenige, der einen Schaden verursacht, dafür zu haften hat. Bei der Fahrlässigkeit ist es schon schwieriger, wie die nachfolgende Tabelle zeigt.

8.1 Wann muss ein Azubi haften?

Haftung des Auszubildenden	
Leichte Fahrlässigkeit Versehentliches Umstoßen eines Gegenstandes	Haftung: nein
Mittlere Fahrlässigkeit Trotz vorhandener Kenntnisse wird nicht geeignetes Material verwendet	Haftung: anteilig

Haftung des Auszubildenden	
Grobe Fahrlässigkeit Nichtbeachtung von Vorschriften	Haftung: bis Haftungsober-grenze
Vorsatz Bewusstes zu Boden Werfen einer Maschine	Haftung: bis Haftungsober-grenze

Auszubildende können grundsätzlich nur für die Schäden verantwortlich gemacht werden, die sie unter der Anwendung und Berücksichtigung der bisher erworbenen Fertigkeiten und Kenntnisse hätten vermeiden können. Schäden, die durch leichte Fahrlässigkeit des Auszubildenden verursacht wurden, sind von einer Haftung ausgeschlossen. Je gröber die Fahrlässigkeit, umso höher wird der Anteil am Schadensersatz sein, den auch ein Azubi zu leisten hat.

Haftung des Ausbildenden

Der Ausbildende haftet für die Vermittlung aller ausbildungs- und prüfungsrelevanten Inhalte während der gesamten Berufsausbildung. Fällt der Azubi durch die Prüfung, weil der Ausbildende die entsprechenden Kenntnisse nachweislich nicht vermittelt hat, so kann den Ausbildenden sogar ein Schadensersatzanspruch treffen.

Aber: Jeder Anspruch hängt auch davon ab, dass man ihn beweisen kann!

Fazit

Wenn Du einen Schaden verursacht hast, dann kannst Du für einen vorsätzlichen oder grob fahrlässig verursachten Schaden anteilig haftbar gemacht werden. Bei leichter Fahrlässigkeit musst Du nicht haften.

8.2 Schadensersatz

Ein Schadensersatzanspruch kann sich u. U. auch dann ergeben, wenn eine Seite das Ausbildungsverhältnis unberechtigt kündigt oder eine Kündigungsfrist nicht einhält. Dieser Fall ist in der Praxis äußerst selten. Ein solcher Schadensersatzanspruch muss innerhalb einer dreimonatigen Frist nach Beendigung des Ausbildungsverhältnisses geltend gemacht werden.

Das Bundesarbeitsgericht hat entschieden, dass diese Frist mit dem Tage des Vertragsendes und nicht mit dem tatsächlichen Ende der Berufsausbildung zu laufen beginnt.

Schadensersatzanspruch des Ausbildenden

Auszubildende, die nach der Probezeit ihren Berufsausbildungsvertrag auflösen möchten und einfach nicht mehr im Ausbildungsbetrieb erscheinen, müssen ggf. damit rechnen, dass der Ausbildende Schadensersatz geltend macht. Voraussetzung für den Schadensersatzanspruch ist, dass dem Ausbildenden tatsächlich ein Schaden entstanden ist und er diesen auch nachweisen kann.

Schadensersatzanspruch des Auszubildenden

Verletzt der Ausbildende seine Aufklärungspflicht, z. B. versäumt er bei Vertragsabschluss auf die wirtschaftlichen Schwierigkeiten des Unternehmens hinzuweisen und kündigt einige Monate nach Ausbildungsbeginn, können Auszubildende Schadensersatz geltend machen. Weiterhin können Auszubildende, die nachweislich wegen unzureichender Berufsausbildung die Abschlussprüfung nicht bestanden haben, den Ausbildenden ggf. schadensersatzpflichtig machen. Dies haben wir bereits oben dargestellt. Schadensersatz können Auszubildende ggf. auch dann verlangen, wenn ein Wechsel des Ausbildungsbetriebes erforderlich ist, nachdem der Ausbilder aus dem Ausbildungsbetrieb ausgeschieden ist und erst Monate später ein neuer Ausbilder seine Tätigkeit aufnimmt. Muss aus diesem Grund das Berufsausbildungsverhältnis bis zum nächsten Prüfungstermin verlängert werden, können Auszubildende ggf. Schadensersatzansprüche geltend machen.

Der Schaden liegt hier in der Differenz zwischen der Ausbildungsvergütung und dem entgangenen Gehalt einer Fachkraft. Schadensersatz können Auszubildende auch dann geltend machen, wenn der Ausbildende den Antrag auf Eintragung in das Verzeichnis der Berufsausbildungsverhältnisse zu spät stellt oder sogar versäumt und der Auszubildende aus diesem Grund nicht zur Prüfung zugelassen wird. Voraussetzung hierfür ist jedoch, dass der Auszubildende den Grund nicht zu vertreten hat. Kündigt der Ausbildende wegen Betriebsstilllegung, die bei Vertragsabschluss noch nicht vorhersehbar war, so scheidet ein Anspruch auf Schadensersatz aus.

Fazit

Voraussetzung für einen Schadensersatzanspruch gegenüber dem Vertragspartner ist, dass der entstandene Schaden ursächlich auf dessen Fehlverhalten zurückgeführt werden kann. Dies muss vor Gericht glaubhaft gemacht werden. Möchtest Du Schadensersatz gegen den Ausbildenden geltend machen, so musst Du dafür den Beweis erbringen. Das Gleiche gilt für den Ausbildenden, der von einem Azubi einen Schadensersatz fordert.

9 | Die Berufsschule

Die Berufsschule bildet die zweite Säule der dualen Berufsausbildung. Der Ausbildende und die Berufsschule sind Partner in der dualen Berufsausbildung. Die Rahmenlehrpläne für den berufsbezogenen Unterricht der Berufsschule werden von der Kultusministerkonferenz (KMK) herausgegeben. Die Lehrpläne sind auf die bundeseinheitlichen Ausbildungsordnungen inhaltlich abgestimmt. An ihnen haben auch die Gewerkschaften und Arbeitgeberverbände mitgewirkt.

9.1 Auszubildende und Berufsschulpflicht

Berufsschulpflichtig sind Ausbildende, die zu Beginn der Berufsausbildung das 21. Lebensjahr noch nicht vollendet haben. Auszubildende die bereits das 21. Lebensjahr vollendet haben, sind berechtigt zum Berufsschulbesuch, aber nicht verpflichtet. Der Ausbildende ist verpflichtet, berufsschulpflichtige Auszubildende während der gesamten Dauer der Berufsausbildung zum Besuch der Berufsschule anzuhalten und dafür freizustellen. Selbst Auszubildende, die durch die Teilnahme an einem Berufsgrundbildungsjahr (BGJ), Berufsvorbereitungsjahr (BVJ) oder Berufseinstiegsjahr (BEJ) (→ Ausbildungsplatzchancen verbessern) die Schulpflicht erfüllt haben (dies ist in den einzelnen Bundesländern unterschiedlich), werden mit Beginn der Berufsausbildung erneut berufsschulpflichtig. Für den Besuch der Berufsschule müssen Auszubildende freigestellt werden, d. h. die Zeit gilt als Arbeitszeit.

Stellt der Ausbildende Dich nicht für den Besuch der Berufsschule frei, bist Du berechtigt, „eigenmächtig" am Berufsschulunterricht teilzunehmen. Der Ausbildende kann Dich weder dafür abmahnen, noch kann er Dir kündigen oder Deinen Urlaubsanspruch reduzieren.

9.2 Nicht-berufsschulpflichtige Auszubildende

Nicht-Berufsschulpflichtige können am Berufsschulunterricht teilnehmen, müssen aber nicht. In diesem Falle ist der Ausbildende verpflichtet, in vergleichbarem Umfang das fachtheoretische Wissen zu vermitteln. Aus diesem Grund wird vom Ausbildenden in der Regel eine Vereinbarung in den Berufsausbildungsvertrag aufgenommen, dass auch ein nichtberufsschulpflichtiger Auszubildender in den berufsspezifischen Fächern den Berufsschulunterricht besuchen muss.

9.3 Freistellung

Das Berufsbildungsgesetz (BBiG) schreibt dem Ausbildenden vor, Auszubildende für die Teilnahme am Berufsschulunterricht freizustellen. Die Freistellungspflicht gilt auch bei Schulveranstaltungen, z. B. Schulausflüge oder Betriebsbesichtigungen mit der Berufsschule. Der Ausbildende muss für die Zeit der Freistellung die Ausbildungsvergütung fortzahlen (§ 19 Abs. 1 Nr.1 BBiG). Außerdem muss der Ausbildende den Auszubildenden für die Teilnahme an der Abschlussprüfung freistellen. Jugendliche Auszubildende sind auch für den Tag vor der Abschlussprüfung freizustellen (→ Prüfungen).

Freistellung von jugendlichen Auszubildenden

Beginnt die Berufsschule vor 9.00 h, so gilt ein Beschäftigungsverbot für jugendliche Auszubildende. Die Beschäftigung von jugendlichen Auszubildenden nach der Berufsschule ist grundsätzlich zulässig, wenn der Berufsschulunterricht wöchentlich an zwei Tagen stattfindet. Die Berufsschulzeiten inklusive der Pausen und der Wegzeiten zwischen Berufsschule und Ausbildungsbetrieb muss der Ausbildende auf die Arbeitszeit anrechnen.

Einmal wöchentlich Berufsschule

Grundsätzlich greift das Beschäftigungsverbot bei jugendlichen und erwachsenen Auszubildende bei einem vor 9.00 h beginnenden Berufsschulunterricht. So kann der Ausbildende an einem Berufsschultag mit mehr als fünf Unterrichtsstunden Auszubildende nicht mehr verpflichten, im Anschluss an den Berufsschulunterricht ihre Beschäftigung im Ausbildungsbetrieb aufzunehmen. Der Berufsschulunterricht muss mit acht Zeitstunden auf die gesetzliche Höchstarbeitszeit von 40 Stunden wöchentlich angerechnet werden.

Zweimal wöchentlich Berufsschule

Haben Auszubildende zwei Unterrichtstage in der Woche mit mehr als fünf Unterrichtsstunden, so müssen sie an einem der beiden Tage ihre Beschäftigung im Ausbildungsbetrieb im Anschluss an die Schule aufnehmen. Die Entscheidung, an welchem der beiden Tage die Beschäftigung aufzunehmen ist, trifft der Ausbildende. Dabei sind die Unterrichtszeiten des zweiten Berufsschultages einschließlich der Pausen und Wegzeiten auf die gesetzliche Höchstarbeitszeit anzurechnen.

Hast Du zweimal wöchentlich Berufsschulunterricht mit jeweils sechs Unterrichtsstunden, so kann der Ausbildende von Dir verlangen, dass Du im Anschluss an den Berufsschulunterricht die Arbeit an einem von ihm bestimmten Tag im Ausbildungsbetrieb aufnimmst.

Blockunterricht bei jugendlichen Auszubildenden

Bei jugendlichen Auszubildenden sind Berufsschulwochen mit einem planmäßigen Blockunterricht von mindestens 25 Stunden an mindestens fünf Tagen mit 40 Stunden auf die gesetzliche Höchstarbeitszeit anzurechnen. Der Ausbildende darf Auszubildende in dieser Woche also nicht mehr beschäftigen. Er kann sie allerdings noch an einer betrieblichen Ausbildungsveranstaltung von bis zu zwei Stunden teilnehmen lassen.

Freistellung erwachsener Auszubildender

Beginnt die Berufsschule vor 9.00 h, so gilt das Beschäftigungsverbot auch für erwachsene Auszubildende. Eine Beschäftigung von erwachsenen Auszubildenden nach der Berufsschule ist grundsätzlich zulässig. Die Berufsschulzeiten inklusive der Pausen und der Wegzeiten müssen auf die Arbeitszeit angerechnet werden.

Blockunterricht bei erwachsenen Auszubildenden

Zulässig ist die Beschäftigung nach der Berufsschule bei erwachsenen Auszubildenden. Selbst bei Blockschulunterricht an fünf Tagen mit mindestens fünf Unterrichtsstunden kann der Ausbildende von erwachsenen Auszubildenden die Arbeitsaufnahme im Ausbildungsbetrieb im Anschluss an den Berufsschulunterricht verlangen.

Fazit

Bist Du zu Beginn Deiner Berufsausbildung noch nicht 21 Jahre alt, so wirst Du berufsschulpflichtig. Das gilt auch dann, wenn Du Deine Berufsschulpflicht durch den Besuch des BVJ, BGJ oder BEJ erfüllt hast. Ab der Vollendung des 21. Lebensjahres entfällt für Dich die Berufsschulpflicht. Der Ausbildende kann mit Dir dennoch eine Regelung treffen, dass Du am Berufsschulunterricht teilnehmen musst. Die Zeiten des Berufsschulunterrichts musst Du nicht nacharbeiten. Der Ausbildende muss Dich für diese Zeit einschließlich der Wegzeiten freistellen.

10 | Überbetriebliche Ausbildung

Die überbetriebliche Ausbildung kann ein Teil der praktischen Berufsausbildung sein. Sie wird in überbetrieblichen Werkstätten oder durch Kammern, Verbände oder Innungen durchgeführt und findet ergänzend zu der Berufsausbildung im Betrieb und der Berufsschule statt. Hierbei werden die Inhalte vermittelt, die durch den Ausbildenden nicht vermittelt werden bzw. werden können, wenn ein Betrieb z. B. nicht über bestimmte Maschinen verfügt oder Teilbereiche ausgelagert hat, so dass er die entsprechenden Inhalte nicht vermitteln kann.

Praxisbeispiel: *Die Firma Huber lässt die Buchhaltung von ihrem Steuerberater machen. Deshalb können die im Ausbildungsrahmenplan vorgeschriebenen praktischen Kenntnisse nicht im Betrieb vermittelt werden. Die Auszubildenden absolvieren jetzt diesen Teil der Ausbildung in einer Übungsfirma.*

Dauer und Zeitpunkt der überbetrieblichen Ausbildungen werden bereits bei der Vertragsniederschrift im Berufsausbildungsvertrag festgehalten.

10.1 Durchführung der überbetrieblichen Ausbildung

Auszubildende mehrerer Betriebe nehmen während ihrer Ausbildung, in der Regel in mehrwöchigen Abschnitten, in einer überbetrieblichen Einrichtung an Unterweisungen teil. Diese können z. B. von Ausbildern der jeweilig zuständigen Kammer bzw. Innung durchgeführt werden.

10.2 Teilnahmepflicht

Auszubildende sind verpflichtet, an den überbetrieblichen Ausbildungen teilzunehmen. Genauso wie im Betrieb müssen sie sich für Fehlzeiten rechtzeitig entschuldigen.

10.3 Kosten der überbetrieblichen Ausbildung

Die Kosten für die überbetriebliche Ausbildung werden vom Ausbildenden getragen. Auch die Kosten für Verpflegung und Unterkunft trägt der Ausbildende. Das betrifft auch die Gebühren und Fahrtkosten. Einen sogenannten Eigenanteil bei den Verpflegungskosten kann der Ausbildende für die „häusliche Ersparnis“ anteilig vom Azubi verlangen. Die Kosten für wöchentliche Heimfahrten am Wochenende müssen in der Regel vom Azubi selbst getragen werden. Die Zeit zählt als Arbeitszeit; Auszubildende erhalten ihre Ausbildungsvergütung.

Die Teilnahmepflicht an überbetrieblichen Ausbildungen ergibt sich aus Deinem Berufsausbildungsvertrag. Die Kosten trägt der Ausbildende.

10.4 Verbundausbildung

Im Rahmen der Verbundausbildung können neu geordnete Ausbildungsberufe in Ausbildungsbetrieben schneller umgesetzt werden. Dabei handelt es sich um eine enge Zusammenarbeit von meist kleineren oder stark spezialisierten Betrieben zum Zweck der Berufsausbildung. So lernen während der einzelnen Ausbildungsphasen Auszubildende unterschiedliche Betriebsstrukturen und Arbeitsabläufe kennen. Die hohe Flexibilität, die Auszubildende mitbringen, erhöht auch die Arbeitsplatzchancen nach Abschluss der Berufsausbildung. Bei der Verbundausbildung findet man unterschiedliche Organisationsformen vor, wobei die Gesamtverantwortung für die Berufsausbildung bei einem Betrieb, dem Stammbetrieb oder einem Verein bleibt, der Vertragspartner der Azubis ist. Die gesamte Berufsausbildung oder aber nur Teilbereiche der Berufsausbildung werden in mehreren Ausbildungsbetrieben durchgeführt. Bereits bei Vertragsniederschrift werden die jeweiligen Ausbildungsinhalte, die durchführenden Vertragspartner (Ausbildungsbetriebe) und die zeitlichen Abschnitte festgehalten.

10.5 Aufgaben des Stammbetriebs

Der Stammbetrieb – er ist ja Vertragspartner der Auszubildenden – führt die durchzuführenden Formalitäten, wie z. B. die Registrierung bei der zuständigen Kammer bzw. Innung durch. Die Anmeldung zur Berufsschule, zu der jeweiligen Prüfung und die dadurch anfallenden Gebühren trägt ebenfalls der Stammbetrieb. Er zahlt auch die Ausbildungsvergütung. Die Azubis sind an die Weisungen des jeweiligen Ausbildungsbetriebs gebunden. Arbeitsrechtliche Maßnahmen hingegen, wie z. B. Abmahnungen oder Kündigungen, sind Sache des Stammbetriebs.

10.6 Aufgaben des Ausbildungsbetriebes

Die Vermittlung der Ausbildungsinhalte wird im jeweiligen Ausbildungsbetrieb vor Ort durchgeführt. Dabei stellt dieser neben seinen technischen Einrichtungen und Werkzeugen auch sein Personal zur Verfügung. Azubis sind an die Weisungen des jeweiligen Ausbildungsbetriebes während der vorgesehen Dauer gebunden. Dieser ist verpflichtet, den Azubis die vereinbarten Fertigkeiten und Kenntnisse zu vermitteln. Für die ordnungsgemäße Führung des Berichtsheftes während der Ausbildungsphase ist der jeweilige Ausbildungsbetrieb verantwortlich.

Diese Form der Ausbildung ermöglicht Dir, auch andere Arbeitsverfahren und -techniken kennen zu lernen und Deine Fertigkeiten und Kenntnisse zu erweitern. Deine Rechte und Deine Pflichten bleiben während der einzelnen Ausbildungsphasen gleich.

Fazit

Überbetriebliche Ausbildung und Verbundausbildung bieten Dir Chancen, Fachkenntnisse und aus verschiedenen Ausbildungsbetrieben zu erwerben. Gleichgültig ob es sich um eine überbetriebliche Ausbildung oder eine Berufsausbildung im Verbund handelt, hast Du als Azubi immer einen Ansprechpartner, wenn es um den Ausbildungsvertrag geht. Während der einzelnen Ausbildungsphasen bist Du an die Weisungen der jeweiligen Betriebe gebunden. Das Berichtsheft musst Du natürlich weiterhin führen. Dir entstehen weder durch eine überbetriebliche Ausbildung noch durch eine Verbundausbildung Kosten.

11 | Prüfungen

Die Zwischen- und Abschlussprüfung dienen der Überprüfung der beruflichen Kenntnisse und Fertigkeiten der Auszubildenden. Neben den schriftlichen Prüfungen müssen Auszubildende am Ende der Ausbildung eine praktische Abschlussprüfung ablegen. So müssen z. B. Auszubildende zum Industriekaufmann/-frau in einer Präsentation und in einem Fachgespräch den Nachweis erbringen, dass sie Fachaufgaben aus Geschäftsprozessen lösen können. In handwerklichen Berufen sind je nach Ausbildungsberuf mehrere Arbeitsaufträge abzuarbeiten sowie ein Gesellstück anzufertigen. Die konkreten Bestandteile der Prüfungen sind in der jeweiligen Ausbildungsordnung aufgeführt.

Bei der Fertigkeitsprüfung wird festgestellt, ob Auszubildende den Anforderungen einer qualifizierten Fachkraft entsprechen. In den Kenntnisprüfungen sind schriftliche Aufgaben zu lösen. Diese können als offene Fragen und/oder als „Multiple Choice"-Fragen gestellt werden. Gegebenenfalls müssen sich Auszubildende im Anschluss an die schriftliche Prüfung noch einer mündlichen Prüfung unterziehen. Die zuständigen Stellen sind verpflichtet, für alle anerkannten Ausbildungsberufe Prüfungen durchzuführen, so dass jede anerkannte Berufsausbildung mit einer Abschlussprüfung endet. Das Prüfungswesen hat sich jedoch in den letzten Jahren verändert. Die Zwischenprüfung entfällt zunehmend. An Stelle der Zwischenprüfung findet dann Teil I der gestreckten Abschlussprüfung statt.

11.1 Die Zwischenprüfung

Die Zwischenprüfung dient der Ermittlung des Ausbildungsstandes, hat jedoch keinerlei Auswirkung auf das Ergebnis der Abschlussprüfung. Dennoch ist die Teilnahme an der vorgeschriebenen Zwischenprüfung Voraussetzung für die Zulassung zur Abschlussprüfung, und dies ist auch sehr sinnvoll. Die bloße – passive – Anwesenheit wird nicht als Teilnahme gewertet. Die Ergebnisse der Zwischenprüfung sollen den Azubis die Möglichkeit geben, ihre eigenen Schwächen zu erkennen und dementsprechend nachzuarbeiten. Die Ergebnisse der Zwischenprüfung muss der Auszubildende dem Ausbildenden auf dessen Verlangen mitteilen.

Inhalte

- berufliche Fertigkeiten und Kenntnisse
- wesentliche Inhalte des Lehrstoffes der Berufsschule

Du bist verpflichtet, an der Zwischenprüfung teilzunehmen. Die Ergebnisse der Zwischenprüfung gehen aber nicht in die Abschlussprüfung ein, sondern sollen Dir als Orientierungshilfe dienen, damit Du Deinen Kenntnisstand besser einschätzen kannst.

11.2 Die Abschlussprüfung

Das Ende der Berufsausbildung rückt in greifbare Nähe, doch zuvor müssen Auszubildende noch einmal all ihre Kenntnisse und Fertigkeiten unter Beweis stellen. Denn jede Berufsausbildung in einem anerkannten Ausbildungsberuf schließt mit einer Abschlussprüfung bzw. Gesellprüfung ab. Diese wird nach den Vorgaben der jeweiligen Ausbildungsordnung durchgeführt. Über die Zulassung zur Abschlussprüfung entscheidet die dafür jeweilig zuständige Kammer bzw. Innung. Die Einladung zur Abschlussprüfung erhalten Auszubildenden rechtzeitig schriftlich unter Angabe des genauen Prüfungstermins, sowie der erlaubten Arbeits- und Hilfsmittel. Hält diese die Zulassungsvoraussetzungen für nicht gegeben, so entscheidet der Prüfungsausschuss über die Zulassung.

Zugelassen zur Abschlussprüfung werden

- Auszubildende, die die vereinbarte Ausbildungsdauer zurückgelegt haben oder aber deren Berufsausbildung nicht später als zwei Monate nach der Abschlussprüfung endet;
- Auszubildende, die an der vorgeschriebenen Zwischenprüfung teilgenommen haben;
- Auszubildende, die die vorgeschriebenen Eintragungen in das Berichtsheft vorgenommen haben;
- Auszubildende, die auf Grund einer Verkürzung vorzeitig zugelassen werden;
- Auszubildende, deren Berufsausbildungsverhältnis in das Verzeichnis der Berufsausbildungsverhältnisse (Lehrlingsrolle) eingetragen ist oder aus einem Grund nicht eingetragen ist, den der Auszubildende oder dessen gesetzliche Vertreter nicht zu vertreten haben;
- Personen, die aufgrund einer vorangegangenen beruflichen Tätigkeit, mindestens eine eineinhalbfache einschlägige Berufserfahrung in diesem Ausbildungsberuf nachweisen können (→ Externenprüfung).

Anmeldung zur Abschlussprüfung

Die Anmeldung zur Abschlussprüfung erfolgt durch den Ausbildenden. Die anfallenden Prüfungsgebühren sind vom Ausbildenden zu tragen.

Wann finden die Prüfungen statt?

Die Prüfungen finden jährlich an zwei Terminen statt, in der Regel im Winter bis zum 31. Januar und im Sommer bis zum 31. Juli.

Bei der Abschlussprüfung müssen die Auszubildenden ihre Kenntnisse und Fertigkeiten noch einmal unter Beweis stellen. Über die Zulassung entscheidet die zuständige Kammer oder Innung. Diese verschickt dann auch die Einladung zur Prüfung mit dem genauen Termin und einem Verzeichnis der erlaubten Arbeits- und Hilfsmittel.

11.3 Die gestreckte Abschlussprüfung

Zunehmend finden wir bei Ausbildungsberufen die „gestreckte Abschlussprüfung" vor. Wird die Abschlussprüfung auf diese Art in zwei zeitlich auseinanderfallenden Teilen durchgeführt, so wird über die Zulassung zur jeweiligen Prüfung gesondert entschieden.

Teil I der gestreckten Abschlussprüfung

Das Ergebnis des Teils I der gestreckten Abschlussprüfung geht anteilig mit mindestens 20 % bis maximal 40 % in das Gesamtergebnis ein. Dieser Teil umfasst insbesondere die fachbezogenen Kompetenzen, bezogen auf die Ausbildungsinhalte der ersten 18 Monate. In dieser Prüfung werden Auszubildende in der Regel mit komplexen Arbeitsaufgaben, die sowohl situative Gesprächsphasen als auch schriftliche Aufgaben beinhaltet, konfrontiert. Dabei werden sie auch zu den jeweils durchgeführten Arbeitsschritten befragt. Der schriftliche Teil kann sowohl aus Multiple Choice-Fragen wie auch aus offenen Fragen bestehen.

Vorsicht! Hier geht es nicht wie bei der Zwischenprüfung lediglich um Deine Teilnahme. Die Ergebnisse von Teil I der gestreckten Abschlussprüfung gehen anteilig in Teil II der Prüfung ein.

Zugelassen werden

- Auszubildende, die die vorgeschriebene Ausbildungszeit zurückgelegt haben;
- Auszubildende, die die vorgeschriebenen Eintragungen in das Berichtsheft vorgenommen haben;
- Auszubildende, deren Berufsausbildungsverhältnis in das Verzeichnis der Berufsausbildungsverhältnisse (Lehrlingsrolle) eingetragen ist oder aus einem Grund nicht eingetragen ist, den der Auszubildende oder dessen gesetzliche Vertreter nicht zu vertreten haben.

Zeitpunkt der gestreckten Abschlussprüfung

Teil I der gestreckten Abschlussprüfung wird in der Regel am Ende des zweiten Ausbildungsjahres abgenommen.

Kann Teil I der Prüfung wiederholt werden?

Teil I der gestreckten Abschlussprüfung kann nicht eigenständig wiederholt werden, da er nur ein Teil der Gesamtprüfung ist. Deshalb kann das Ergebnis auch nicht angefochten werden. Die Wiederholung erfolgt daher im Rahmen der zweimaligen Wiederholungsmöglichkeit der Abschlussprüfung (→ Wiederholung Abschlussprüfung).

Teil II der gestreckten Abschlussprüfung

Zum Ende der Berufsausbildung findet dann der Teil II der gestreckten Abschlussprüfung statt. Teil II bezieht sich auf alle während der gesamten Ausbildungsdauer vermittelnden Fertigkeiten und Kenntnisse, sowie auf die Inhalte des Berufsschulunterrichts. Die Auszubildenden müssen dabei einen Arbeitsauftrag und eine schriftliche Prüfung absolvieren. Beim Arbeitsauftrag können sie in manchen Fällen zwischen zwei möglichen Varianten wählen: einem praktischen betrieblichen Auftrag oder einer überregional gestellten praktischen Aufgabe. Die gestreckte Abschlussprüfung ist bestanden, wenn im Ergebnis von Teil I und Teil II mindestens ausreichende Leistungen erzielt wurden. Waren die Leistungen in Teil I der gestreckten Abschlussprüfung mangelhaft, so kann dies durch das Ergebnis von Teil II ausgeglichen werden. Ansonsten gibt es die Möglichkeit, die gesamte Prüfung zu wiederholen (→ Wiederholung Abschlussprüfung).

Zugelassen werden

- Auszubildende, die die Zulassungsbedingen zu Teil I erfüllen und die
- an Teil I der Prüfung teilgenommen haben.

Zeitpunkt der Abschlussprüfung

Die Abschlussprüfung kann bereits nach 18 Monaten abgelegt werden, d. h. Teil I und Teil II der Prüfung werden am Ende der Ausbildungsdauer an einem Prüfungstermin durchgeführt. Die Möglichkeit, bereits nach 12 Monaten Teil I und nach 18 Monaten Teil II abzulegen, besteht auch.

- 1 ½-jährige Berufsausbildung – Teil I und Teil II werden zu einem Termin durchführt;
- 2 ½-jährige Berufsausbildung – Teil I nach 1 ½ Jahren und Teil II am Ende der 2 ½-jährigen Berufsausbildung;
- 2-jährige Berufsausbildung – Teil I ggf. nach 1 Jahr, sicher aber nach 1 ½ Jahren und Teil II am Ende.

Modelle für Abiturienten

Wer bestimmte schulische Voraussetzungen mitbringt, kann die Dauer seiner Berufsausbildung verkürzen. Mit Abitur oder Fachabitur sollte vor Beginn der Berufsausbildung eine mögliche Verkürzung gemeinsam mit dem Ausbildenden vereinbart werden. Eine Verkürzung der Regeldauer erfolgt nicht automatisch, sondern nur auf Grund eines gemeinsamen Antrages der Vertragspartner bei der jeweilig zuständigen Kammer bzw. Innung. Das Abiturientenmodell bietet auch die Möglichkeit, mit Zustimmung der zuständigen Kammer bzw. Innung, beide Teile der gestreckten Abschlussprüfung zum gleichen Zeitpunkt abzulegen.

Bei diesen Berufen besteht heute eine gestreckte Abschlussprüfung (Stand Sommer 2012):

- Anlagenmechaniker
- Automatenfachmann
- Bergbautechnologe
- Biologielaborant
- Chemielaborant
- Chemikant
- Elektroniker
- Elektroniker für Automatisierungstechnik
- Elektroniker für Betriebstechnik
- Elektroniker für Gebäude- und Infrastruktursysteme
- Elektroniker für Geräte und Systeme
- Elektroniker für Maschinen und Antriebstechnik
- Elektroniker für luftfahrttechnische Systeme
- Fachkraft für Schutz und Sicherheit
- Feinwerkmechaniker
- Friseur
- Holz- und Bautenschutz
- Industriemechaniker

- Karosserie- und Fahrzeugbaumechaniker
- Kaufmann im Einzelhandel
- Kraftfahrzeugmechatroniker (nicht aber Kraftfahrzeug-servicemechaniker!)
- Konstruktionsmechaniker
- Lacklaborant
- Mechaniker für Karosserieinstandhaltungstechnik
- Mechaniker für Land- und Baumaschinentechnik
- Mechaniker für Kältetechniker
- Metallbauer
- Musikfachhändler
- Papiertechnologe
- Pharmakant
- Physiklaborant
- Physiklaborant
- Produktionstechnologe
- Segelmacher
- Systemelektroniker
- Systeminformatiker
- Techn. Modellbauer

- Werkfeuerwehrmann
- Werkzeugmechaniker
- Zerspanungsmechaniker
- Zweiradmechaniker

Die mündliche Prüfung

Nur für Teil II der gestreckten Abschlussprüfung gibt es eine mündliche Ergänzungsprüfung, wenn die schriftliche Prüfung in einem Fach nicht ausreichend war.

Plötzliche Verhinderung an der Prüfung

Auszubildende, die wegen Krankheit, durch Unfall oder wegen sonstiger Gründe an der Prüfung nicht teilnehmen können, müssen umgehend die Nichtteilnahme mitteilen. Der Grund für die Nichtteilnahme muss

- bei Krankheit durch ein ärztliches Attest,
- bei Unfall durch einen Nachweis, z. B. Polizeibericht oder mit Angabe der sonstigen Gründe

schriftlich nachgewiesen werden. Über das weitere Verfahren erhalten Auszubildende schriftliche Informationen. Zur Wiederholungsprüfung (in der Regel findet diese sechs Monate später statt) müssen sich Auszubildende erneut anmelden. Wird das Ausbildungsverhältnis deswegen verlängert, so gehen die Unterlagen dem Ausbildenden zu, der die Verlängerung der Berufsausbildung der jeweilig zuständigen Kammer bzw. Innung mitgeteilt hat.

Solltest Du Deine Berufsausbildung vorläufig abbrechen müssen, führt dies zur Unterbrechung des Prüfungsverfahrens. Nimmst Du Deine Berufsausbildung in einem angemessenen Zeitraum wieder auf, kann die bereits in Teil I erbrachte Leistung anerkannt werden. Eine Anfrage bei der jeweiligen Kammer bzw. Innung solltest Du auf jeden Fall durchführen.

11.4 Pflichten des Ausbildenden und Prüfung

Der Ausbildende hat folgende Pflichten im Zusammenhang mit der Zwischen- und Abschlussprüfung. Er ist verpflichtet:

- Auszubildende innerhalb der Anmeldefrist schriftlich anzumelden;
- die Prüfungsgebühr zu entrichten;
- eine Kopie der ersten Nachuntersuchung (jugendliche Auszubildende) der Anmeldung beizufügen;
- Auszubildenden die Ausbildungsmittel (Werkzeuge und Werkstoffe), die zum Ablegen der Abschlussprüfung erforderlich sind, kostenlos zur Verfügung zu stellen;
- Auszubildende für die Teilnahme an der Prüfung freizustellen;
- Jugendliche Auszubildende bereits einen Tag vor der Abschlussprüfung freizustellen;
- zur Fortzahlung der Ausbildungsvergütung.

Freistellungen der Azubis

Azubis sind zur Teilnahme an den vorgeschrieben Prüfungsterminen, auch zur Wiederholungsprüfung, freizustellen. Jugendliche Azubis müssen schon am Arbeitstag unmittelbar vor der schriftlichen Abschlussprüfung freigestellt werden. Diese Freistellung gilt nur vor der schriftlichen Abschlussprüfung! Bei einer Stufenausbildung ist auch die erste Stufe schon eine Abschlussprüfung. Dauert die schriftliche Abschlussprüfung zwei oder mehrere Tage, so muss der jugendliche Azubi nur am Tag vor dem ersten Prüfungstag freigestellt werden.

Praxisbeispiel:

Fall 1: *Die schriftliche Prüfung ist am Dienstag. Dann ist der jugendliche Azubi am Montag freizustellen.*

Fall 2: *Die Prüfung beginnt am Montag. Dann gibt es keine Freistellung; denn der letzte Arbeitstag liegt dann ja nicht unmittelbar vor dem Prüfungstag.*

Prüfungszeiten einschließlich Pausen und Wegezeiten werden auf die Arbeitszeit angerechnet.

Auszubildende sind für die Dauer der Prüfung freizustellen. Wenn Du noch Jugendlicher bist, hast Du auch einen Anspruch auf Freistellung am Tag unmittelbar vor dem Tag der Abschlussprüfung. Das gilt auch bei einer Wiederholungsprüfung.

11.5 Pflichten des Auszubildenden und Prüfung

Auszubildende sind verpflichtet, an den vorgegebenen Prüfungen teilzunehmen. Auszubildende, die aus einem wichtigen

Grund (Krankheit oder Unfall) an der vorgeschriebenen Prüfung nicht teilnehmen können, müssen dies unverzüglich der jeweilig zuständigen Kammer bzw. Innung mitteilen (→ Nichtteilnahme an der Prüfung). Liegt kein wichtiger Grund für die Nichtteilnahme vor, so gilt die Prüfung als nicht bestanden. Hier sollten Auszubildende also besonders sorgfältig sein!

11.6 Ein Sonderfall: Zur Abschlussprüfung ohne Ausbildung

Die Zulassung zur Abschlussprüfung in einem anerkannten Ausbildungsberuf ist auch dann möglich, wenn nachgewiesen werden kann, dass eine einschlägige Berufserfahrung vorliegt. Wer z. B. eine Berufspraxis von 4½ Jahren nachweisen kann, der kann dann die Prüfung in einem Ausbildungsberuf ablegen, der normalerweise eine dreijährige Ausbildungsdauer voraussetzt. Immer ist es die eineinhalbfache Zeit der normalen Ausbildungsdauer. Hierbei wird auch eine Ausbildung in einem anderen Ausbildungsberuf oder die Zeit einer Berufstätigkeit im Ausland berücksichtigt. Auch ein höherer schulischer Abschluss sowie ein im Ausland erworbener anerkannter Bildungsabschluss kann eine Verkürzung der nachzuweisenden Zeit rechtfertigen. Die Nachweise hierfür müssen natürlich der zuständigen Stelle vorgelegt werden, die dann über die Zulassung zur Abschlussprüfung entscheidet.

Vorbereitung auf die Externenprüfung

Für diese Personengruppe werden Vorbereitungslehrgänge auf die Externenprüfung angeboten. Jeder Teilnehmer sollte sich vor Lehrgangsbeginn versichern, ob er die Zulassungsanforderungen dieser Externenprüfung erfüllt.

Lehrgangskosten für die Externenprüfung

Die Lehrgangskosten inklusive Lernmaterial und Prüfungsgebühr können – sofern die persönlichen Voraussetzungen vorliegen – von der Bundesagentur für Arbeit, den Arbeitsgemeinschaften oder der Rentenversicherung z. B. in Form eines Bildungsgutscheins übernommen werden.

11.7 Wiederholung der Abschlussprüfung

Keiner von uns freut sich, wenn er durch eine Prüfung fällt. Dennoch: Kein Grund, den Kopf hängen zu lassen. Auszubildende, die die Abschlussprüfung nicht bestanden haben, haben die Möglichkeit, sie zu wiederholen. Hat der Azubi Prüfungsteile mit mindestens ausreichenden Leistungen erbracht, können diese auf Antrag angerechnet werden. Auf rechtzeitiges Verlangen des Auszubildenden ist der Ausbildende verpflichtet, die Berufsausbildung bis zur nächstmöglichen Wiederholungsprüfung zu verlängern. Die Verlängerung beträgt maximal ein Jahr. Besteht der Auszubildende die Wiederholungsprüfung nicht, so besteht die Möglichkeit, ein zweites Mal die Abschlussprüfung zu wiederholen. Das Ausbildungsverhältnis kann auch dann bestehen bleiben, wenn die zweite Wiederholung innerhalb der Jahresfrist, nach der ersten Abschlussprüfung liegt. Danach endet das Ausbildungsverhältnis endgültig.

Wenn der Auszubildende das Ausbildungsverhältnis verlängern will, muss er dies also ausdrücklich vom Ausbildenden verlangen. Der Anspruch auf Ausbildungsvergütung bleibt dann in der zuletzt gewährten Höhe bestehen. Das Recht, am Berufsschulunterricht teilzunehmen bleibt erhalten, solange das Berufsausbildungsverhältnis fortgesetzt wird.

Da es sich bei der Verlängerung um eine wesentliche Vertragsänderung handelt, muss der Ausbildende diese Änderung unverzüglich der jeweilig zuständigen Kammer bzw. Innung schriftlich mitteilen.

11.8 Wenn es Zweifel an Prüfungsergebnissen gibt

Innerhalb eines Monats nach Zugang der Prüfungsergebnisse können Auszubildende auf Antrag Einsicht in ihre Prüfungsunterlagen nehmen und ggfs. Widerspruch bei der zuständigen Kammer einlegen.

11.9 Die zweite Wiederholungsprüfung

Die zweite Wiederholungsprüfung ist die letzte Möglichkeit, danach bietet sich keine weitere Wiederholungsmöglichkeit.

Vorsicht! Denke daran, dass sich das Berufsausbildungsverhältnis bei nichtbestandener Abschlussprüfung nicht automatisch verlängert. Grundsätzlich endet es nämlich mit Ablauf der vertraglich vereinbarten Ausbildungsdauer und wird nur auf Dein Verlangen bis zur nächstmöglichen Wiederholungsprüfung, höchstens jedoch um ein Jahr, verlängert.

11.10 Weitere Verlängerungsgründe

Einem Antrag auf Verlängerung der Ausbildungsdauer kann von der jeweilig zuständigen Kammer bzw. Innung stattgegeben werden, wenn diese erforderlich wird, damit Auszubildende das Ausbildungsziel erreichen können. Gute Chancen bestehen, wenn erhebliche Ausbildungsmängel oder längere Ausfallzeiten durch Krankheit oder auch Schwangerschaft nachgewiesen werden können. Diese Verlängerung schließt eine anschließende Verlängerung, wegen nicht bestandener Abschlussprüfung nicht aus. In diesem Fall haben Auszubildende die Möglichkeit kostenlose Nachhilfe, durch „ausbildungsbegleitende Hilfen“ in Anspruch zu nehmen (→ Ausbildungsbegleitende Hilfe).

Fazit

Neben der Zwischen- und Abschlussprüfung findet zunehmend die gestreckte Abschlussprüfung, die aus Teil I und Teil II besteht, statt. An der Zwischenprüfung musst Du teilnehmen, aber die von Dir erzielten Ergebnisse gehen nicht in die Ergebnisse der Abschlussprüfung ein.
Die „gestreckte“ Abschlussprüfung findet in zwei zeitlich auseinanderfallenden Teilen statt. Bei der gestreckten Abschlussprüfung werden die Ergebnisse von Teil I in Teil II übernommen. Die Abschlussprüfung kannst Du zweimal wiederholen. Der Ausbildende muss in diesem Falle auf Dein Verlangen das Ausbildungsverhältnis bis zum nächst möglichen Prüfungstermin, maximal bis zu einem Jahr verlängern. Für die Teilnahme an den Prüfungen, muss Dich der Ausbildende freistellen. Die erforderlichen Arbeitsmittel, die Du zum Ablegen der Prüfung benötigst, stellt Dir der Ausbildende zur Verfügung.
Auch ohne Ausbildung kann jemand zur Prüfung zugelassen werden, wenn er eine längere Berufspraxis nachweisen kann.

12 | Ziel erreicht! – Das Ausbildungsende

Auch am Ende der Berufsausbildung gibt es einige Besonderheiten zu beachten.

12.1 Ende mit Zeitablauf

Das Berufsausbildungsverhältnis ist ein befristetes Vertragsverhältnis. Es endet zu dem vertraglich vereinbarten Termin. Wurde die Abschlussprüfung bestanden, so endet es mit der Bekanntgabe des Prüfungsergebnisses.

Innerhalb der letzten sechs Monate vor Ausbildungsende kann der Ausbildende nach bestandener Abschlussprüfung eine Weiterbeschäftigung mit Dir vereinbaren.

Besteht ein Azubi die Abschlussprüfung nicht, so endet das Berufsausbildungsverhältnis zu dem vertraglich vereinbarten Zeitpunkt. In diesem Fall sollte er umgehend die Verlängerung bis zur nächstmöglichen Wiederholungsprüfung verlangen.

Am letzten Prüfungstag wird Dir, wenn Du Deine Gesellen- oder Abschlussprüfung bestanden hast, eine vorläufige Bescheinigung ausgestellt, aus der das Bestehen oder Nichtbestehen hervorgeht. Diese Bescheinigung musst Du dem Ausbildenden vorlegen. Damit endet das Vertragsverhältnis.

12.2 Weiterbeschäftigungsanspruch

Da der Berufsausbildungsvertrag ein befristetes Vertragsverhältnis ist, besteht kein genereller Anspruch auf eine Übernahme in ein befristetes oder unbefristetes Arbeitsverhältnis. Der Ausbildende kann sich zwar bereits bei Vertragsabschluss einseitig zur Weiterbeschäftigung nach der Berufsausbildung verpflichten. Er kann zu diesem Zeitpunkt jedoch mit dem Azubi keinen rechtswirksamen Vertrag über eine solche Weiterbeschäftigung schließen. Eine solche Vereinbarung wäre unwirksam.

Beschäftigt Dich der Ausbildende nach bestandener Abschlussprüfung einfach weiter, so geht er rechtlich gesehen ein unbefristetes Arbeitsverhältnis mit Dir ein.

Weiterbeschäftigung nach der Ausbildung

Erst innerhalb der letzten sechs Monate der Berufsausbildung kann der Ausbildende mit dem Azubi eine Weiterbeschäftigung nach bestandener Prüfung vereinbaren. Bei einer Übernahme in ein Arbeitsverhältnis wird die Ausbildungsdauer auf Deine Betriebszugehörigkeit angerechnet.

Weiterbeschäftigungsanspruch für Mitglieder der Jugend- und Auszubildendenvertretung

Auszubildende, die der Jugend- und Auszubildendenvertretung (JAV) angehören, haben einen Weiterbeschäftigungsanspruch. Möchte der Ausbildende einen Azubi, der Mitglied der Jugend- und Auszubildendenvertretung ist, nicht in ein unbefristetes Arbeitsverhältnis übernehmen, so muss er dies drei

Monate vor dem vertraglich vereinbarten Ausbildungsende schriftlich mitteilen.

Dann können jedoch die Mitglieder der Jugend- und Auszubildendenvertretung (JAV) sind, innerhalb der letzten drei Monate vor Ausbildungsende die Weiterbeschäftigung, auf unbestimmte Zeit schriftlich vom Ausbildenden verlangen.

12.3 Ausbildungsende vor der Abschlussprüfung

Endet der Berufsausbildungsvertrag vor dem Prüfungstermin, sollte rechtzeitig mit dem Ausbildenden über eine Weiterbeschäftigung bis zur Abschlussprüfung gesprochen werden. Aber auch dann, wenn der Ausbildende dem nicht zustimmt, muss er zur Abschlussprüfung alle Materialen stellen und die Prüfungsgebühren bezahlen.

Fazit

Das Berufsausbildungsverhältnis endet mit der Bekanntgabe des Prüfungsergebnisses, spätestens aber durch Vertragsablauf. Wurde bereits beim Abschluss des Berufsausbildungsvertrages eine Zusage für eine spätere Übernahme gemacht, so ist dies für den Ausbildenden bindend. Eine Vereinbarung bezüglich einer anschließenden Weiterbeschäftigung, die in den letzten sechs Monaten der Berufsausbildung mit Dir getroffen wurde, bindet – wie jeder Vertrag – beide Seiten. Mitglieder der Jugend- und Auszubildendenvertretung (JAV) haben einen Anspruch auf Übernahme in ein unbefristetes Arbeitsverhältnis.

13 | Das Zeugnis

Mit dem erfolgreichen Abschluss der Berufsausbildung haben Auszubildende Anspruch auf drei Zeugnisse. Ein Zeugnis der Abschlussprüfung, ein Zeugnis der Berufsschule und ein qualifiziertes Ausbildungszeugnis des Ausbildenden. Das Zeugnis der Abschlussprüfung und auch das Berufsschulzeugnis geben die Bewertung in Schulnoten wieder. Die Bewertungen in einem Ausbildungszeugnis sollen durch wohlwollende Formulierung des Ausbildenden die Leistungen und das Verhalten während der Berufsausbildung beschreiben.

Auch bei einer Insolvenz des Unternehmens bleibt Dein Anspruch auf ein Ausbildungszeugnis bestehen. In diesem Falle kannst Du Dich an den Insolvenzverwalter wenden. Der Zeugnisanspruch verjährt nach drei Jahren.

13.1 Inhalt des Ausbildungszeugnisses

Nach der Rechtsprechung muss das Ausbildungszeugnis auf dem „offiziellen" Briefpapier des Ausbildenden geschrieben werden. Die Ausstellung des Ausbildungszeugnisses sollte unmittelbar nach dem Ausscheiden aus dem Ausbildungsbetrieb erfolgen. Liegt hier ein längerer Zeitraum dazwischen, könnte der neue Arbeitgeber evtl. negative Schlüsse ziehen, z. B. dass das Zeugnis ggf. inhaltlich korrigiert werden musste, evtl. auf dem Klageweg. Also auch dann, wenn man vor dem Arbeitsgericht um Formulierungen im Zeugnis gerungen hat, muss das Zeugnis mit dem Datum des Ausbildungsendes versehen sein.

Das gehört in ein Zeugnis hinein:

- vollständige Personendaten (Vorname, Nachname, Geburtsdatum und Geburtsort) des Auszubildenden
- aktuelles Datum (zeitnahe dem Ausbildungsende)
- Beginn und Ende der Berufsausbildung
- der Ausbildungsberuf
- eine Übersicht über den Inhalt der Berufsausbildung
- eine wohlwollende Beurteilung der erbrachten Leistungen

Die Beurteilung muss folgende Bereiche berücksichtigen

- Fachkenntnisse
- Arbeitsqualität
- Arbeitsbereitschaft
- Eine wohlwollende Beurteilung der Führung gegenüber Vorgesetzten, Kollegen und Kunden („Sozialverhalten")
- evtl. Dankesformel, Zukunftswünsche etc.

13.2 Interpretation der Zeugnissprache

Der Fantasie sind keine Grenzen gesetzt, wenn schöne Worte negative Tatsachen umschreiben. Auch das gezielte Weglassen kann unter Umständen einer negativen Beurteilung gleich kommen. In Fachkreisen hat sich eine spezielle Zeugnissprache entwickelt. Dabei werden Noten durch geschickte Wortwahl vergeben. So kann sich eine im ersten Augenblick wohlwollende Aussage als vernichtend negative Beurteilung herausstellen. Besonders bekannt ist inzwischen die Formulierung:

> *Er bemühte sich, die Aufgaben sorgfältig zu erledigen.*

Diese Aussage bedeutet nicht, dass ein Azubi besonders engagiert war, sondern vielmehr, dass er nichts auf die Reihe bekommen hat.

13.3 Wie man ein Zeugnis liest

Sehr gute Leistung/Bewertung

Die Bewertung mit sehr gut (1) spiegelt sich in den Worten sehr gut, stets, vollste/n außergewöhnliche/n, stets allerbeste/n und stets äußerste/r wieder. Beispiel: „... stets zur unserer vollsten/äußersten/allerbesten Zufriedenheit...“

- Die übertragenen Arbeiten wurden *stets* zu unserer *vollsten* Zufriedenheit erledigt.
- Sehr gute, außergewöhnliche Leistungen.

- Den Erwartungen wurde in jeder Hinsicht und in *allerbester* Weise entsprochen.
- Die Aufgaben wurden *stets* mit *äußerster* Sorgfalt und *größter* Genauigkeit erledigt.
- Die Leistungen haben in jeder Hinsicht *stets* unsere *vollste* Anerkennung gefunden.
- Das Verhalten zu Vorgesetzten und Mitarbeitern war *stets* vorbildlich.
- Wir *bedauern* das Ausscheiden *sehr* und bedanken uns für *stets sehr gute* Leistungen.

Gute Leistung/Bewertung

Die Bewertung mit gut (2) spiegelt sich in den Worten gut, vollen, besten, allerbesten und äußerster wieder, es fehlt jedoch die Aussage stets. Beispiel: „... zu unserer vollsten Zufriedenheit..."

- Den Erwartungen wurde in jeder Hinsicht und in *bester* Weise entsprochen.
- Die Leistungen haben in jeder Hinsicht die *volle* Anerkennung gefunden.
- Die Aufgaben wurden mit *äußerster* Sorgfalt und Genauigkeit erledigt.
- Das Verhalten zu Vorgesetzten und Mitarbeitern war *vorbildlich.*
- Wir bedauern das Ausscheiden und bedanken uns für *gute* Leistungen.

- Die übertragenen Arbeiten wurden zu unserer *vollen* Zufriedenheit erledigt.

Befriedigende Leistung/Bewertung

Eine Bewertung mit befriedigend (3) spiegelt sich in den Worten bester Weise wieder, hier fehlt die Aussage in jeder Hinsicht.

- Die Aufgaben wurden mit *großer Sorgfalt* und *Genauigkeit* erledigt.
- Unseren Erwartungen wurde in *bester* Weise entsprochen.
- Die Erwartungen wurden in jeder Hinsicht *erfüllt.*
- Das Verhalten zu Vorgesetzten und Mitarbeitern war *gut.*
- Wir bedauern das Ausscheiden und bedanken uns für *gute* Leistungen.
- Die übertragenen Arbeiten wurden zu *unserer Zufriedenheit* erledigt.

Ausreichende Leistung/Bewertung

Bei einer Bewertung mit ausreichend (4) verzichtet man auf Aussagen wie z. B. „großer" oder „bester" und arbeitet mit weiteren Einschränkungen.

- Die Aufgaben wurden mit Sorgfalt und Genauigkeit erledigt.

- Die übertragenen Arbeiten wurden *im Großen und Ganzen* zu unserer Zufriedenheit erledigt.
- Das Verhalten zu Vorgesetzten und Mitarbeitern gab *zu Beanstandungen keinen Anlass.*
- Wir danken für die Mitarbeit.

Mangelhafte Leistungen

- Unseren Erwartungen wurde entsprochen.
- Sie/er *bemühte* sich, die Aufgaben sorgfältig zu erledigen.
- Sie/er *bemühte* sich, um ein gutes Verhältnis zu Vorgesetzten.
- Wir danken bei dieser Gelegenheit...
- Unzureichende Leistung/Bewertung.
- Die übertragenen Arbeiten wurden *mit Eifer bearbeitet und termingerecht* beendet.
- Die Aufgaben wurden im *Allgemeinen* mit *Sorgfalt und Genauigkeit* erledigt.
- Das Verhalten war *insgesamt* angemessen.
- Wir danken für *das Streben* nach einer guten Leistung.
- Sie/er hat sich *bemüht*, die übertragenen Arbeiten *zu unserer Zufriedenheit* zu erledigen.

Allerdings: Nicht jeder Arbeitgeber bedient sich akribisch dieser Formulierungen. Im Zweifelsfall ist es immer richtig, mit dem Ausbildenden zu sprechen, wenn man sich nicht richtig bewertet fühlt!

(!) Du hast einen Anspruch auf ein qualifiziertes Ausbildungszeugnis. Sollte es nicht so positiv ausgefallen sein, wie Du Dir das vorgestellt hast, dann sprich mit dem Ausbildenden. Eine gerichtliche Auseinandersetzung ist nur die letzte Möglichkeit. Dein zukünftiger Arbeitgeber kann auch ohne Deine Zustimmung bei Deinem Ausbildenden Auskünfte über Dich erfragen.

Fazit

Am Ende Deiner Berufsausbildung erhältst Du ein Zeugnis Deiner Abschlussprüfung, das Berufsschulzeugnis und das Zeugnis des Betriebs. Das Ausbildungszeugnis soll wohlwollend formuliert sein.

14 | Kurzarbeit

Bei Kurzarbeit handelt es sich um eine vorübergehende Reduzierung der Arbeitszeit im Ausbildungsbetrieb. Für Arbeitnehmer reduziert sich dabei in der Regel auch das Gehalt. Der Fortgang der Berufsausbildung sollte trotz Kurzarbeit gewährleistet bleiben.

14.1 Kurzarbeit im Ausbildungsbetrieb

Bei Kurzarbeit ist der Ausbildende verpflichtet, alle Möglichkeiten auszuschöpfen, damit die Berufsausbildung gewährleistet bleibt. So sollte Kurzarbeit auch nur in Ausnahmefällen für Ausbilder angeordnet werden, nachdem der Ausbildende trotz der Kurzarbeit seiner Ausbildungspflicht nachkommen muss.

Wirst Du auf Grund des Arbeitsmangels zeitweise von der Arbeit freigestellt, so entstehen Dir dadurch keine Minusstunden. In diesem Fall handelt es sich um eine bezahlte Freistellung.

14.2 Ausbildungsvergütung bei Kurzarbeit

Auszubildende haben für mindestens sechs Wochen Anspruch auf Zahlung der vollen Ausbildungsvergütung. Tarifverträge können einen längeren als den gesetzlichen vorgesehenen Zeitraum vorsehen. Die Frist beginnt mit dem ersten

Tag an dem die Berufsausbildung ausgesetzt wird. Wird die Arbeitszeit beispielsweise um 50 % reduziert, endet die Fortzahlung der Ausbildungsvergütung erst nach 12 Wochen.

14.3 Schadensersatzansprüche des Auszubildenden bei Kurzarbeit

Ist die Berufsausbildung der Azubis während der Kurzarbeit mangelhaft oder findet die Berufsausbildung während der Kurzarbeit nicht mehr statt, so haben Auszubildende ggf. aus diesem Grund ein Schadenersatzanspruch gegenüber dem Ausbildenden, wenn sie aus diesem Grund die Abschlussprüfung nicht bestehen. Dies muss der Auszubildende auch beweisen. Auf eine eingehende Rechtsberatung sollte deshalb in einem solchen Falle nicht verzichtet werden!

14.4 Kündigung wegen Kurzarbeit?

Kurzarbeit ist grundsätzlich erst einmal kein Grund zu kündigen. Der Ausbildende ist verpflichtet Möglichkeiten zu finden, damit die Berufsausbildung weiterhin stattfinden kann. Erst nachdem alle Möglichkeiten ausgeschöpft sind, darf Kurzarbeit für Auszubildende angeordnet werden. Kommt der Ausbildungsbetrieb jedoch für längere Zeit vollständig zum Erliegen, so dass keine Ausbildung mehr durchgeführt werden kann, dann sind auch Kündigungen nicht auszuschließen. In diesem Fall entsteht auch kein Schadensersatzanspruch.

14.5 Ausbildungsplatzsuche nach einer Kündigung

Der Ausbildende ist verpflichtet, rechtzeitig mit der zuständigen Agentur für Arbeit in Verbindung zu treten, damit er seine Azubis bei der Suche eines neuen Ausbildungsbetriebes unterstützen kann. Zusätzlich unterstützen ihn die Ausbildungsberater der jeweiligen Kammer.

Du solltest aber nicht zu sehr darauf vertrauen, dass andere dieses Problem für Dich lösen: Eigeninitiative ist auch hier angesagt!

14.6 Kurzarbeit nach der Ausbildung

Auszubildende, die nach Abschluss der Berufsausbildung durch den Ausbildenden in ein Arbeitsverhältnis übernommen werden, können auch direkt in Kurzarbeit gehen.

Fazit

Azubis und Ausbilder sollten von Kurzarbeit möglichst nicht betroffen sein. Der Ausbildende muss unter allen Umständen versuchen, die Ausbildung sicherzustellen. Unter Umständen musst Du damit rechnen, dass der zeitliche Ablauf verändert wird. Bist auch Du von der Kurzarbeit betroffen, so hast Du einen gesetzlich vorgeschriebenen Anspruch auf die Fortzahlung der Ausbildungsvergütung für sechs Wochen. Auch eine Kündigung ist dann nicht ausgeschlossen.

15 | Wenn der Betrieb insolvent wird

Eine Insolvenz des Ausbildungsbetriebes betrifft leider auch die Azubis. Dabei muss jedoch grundsätzlich unterschieden werden, ob der Ausbildungsbetrieb stillgelegt wird und dadurch seine Geschäftstätigkeit vollständig einstellt oder ein Dritter den Betrieb mit sämtlichen Rechten und Pflichten, übernimmt. Bei einer Insolvenz übernimmt ein Insolvenzverwalter für eine begrenzte Zeit die gesamte Leitung mit dem Ziel, möglichst das Unternehmen zu erhalten.

15.1 Insolvenz des Ausbildungsbetriebs

Auszubildende sollten sich bereits bei drohender Insolvenz des Ausbildungsbetriebs mit der Agentur für Arbeit in Verbindung setzen und ihren Anspruch auf Insolvenzgeld bei Wegfall der Ausbildungsvergütung prüfen lassen. Weiterhin sollten sich Auszubildende umgehend bemühen, einen neuen Ausbildungsbetrieb zu finden, der ihnen die Möglichkeit gibt, ihre Berufsausbildung bis zum Ende durchzuführen. Auch die weitere Teilnahme am Berufsschulunterricht muss kurzfristig geklärt werden.

15.2 Ausbildungsvergütung bei einer Insolvenz

Die Azubis sollten Ansprüche auf ausstehende Ausbildungsvergütungen umgehend beim Insolvenzverwalter anmelden.

Der Insolvenzverwalter tritt an die Stelle des ursprünglichen Vertragspartners (Ausbildender). Wird auf Grund des Insolvenzverfahrens keine Ausbildungsvergütung mehr gezahlt, sollten Auszubildende dennoch ihre Arbeitskraft bis zur Übernahme durch einen anderen Ausbildungsbetrieb anbieten. Dadurch bleibt ihnen das Recht erhalten, weiterhin am Berufsschulunterricht teilzunehmen.

15.3 Kündigung

Auf Grund drohender Insolvenz oder bei der Antragstellung auf Eröffnung des Insolvenzverfahrens stehen dem Ausbildenden noch keine erweiterten Kündigungsrechte zu. Wird das Insolvenzverfahren hingegen eröffnet, so ist mit einer dreimonatigen Frist eine Kündigung möglich. Zu diesem Zeitpunkt sollten sich Auszubildende sofort mit der Agentur für Arbeit in Verbindung setzen. Wird jedoch die Geschäftstätigkeit vollständig eingestellt und der Ausbildungsbetrieb wird gänzlich stillgelegt, stehen dem Insolvenzverwalter „besondere Kündigungsrechte“ zu. Hiervon sind auch Auszubildende betroffen. Die Betriebsstilllegung muss im Kündigungsschreiben als Kündigungsgrund angegeben werden. Auch Auszubildende können ihrerseits kündigen.

Schon bei drohender Insolvenz solltest Du Dich mit der Agentur für Arbeit in Verbindung setzen. Hier erhältst Du Unterstützung bei der Suche nach weiteren Ausbildungsbetrieben, so dass Du auch für den Fall der Kündigung Deine Berufsausbildung fortsetzen kannst.

Fazit

Bei drohender Insolvenz des Ausbildungsbetriebes kann Dir noch nicht gekündigt werden. Ist das Insolvenzverfahren eröffnet, kann Dir der Insolvenzverwalter mit einer dreimonatigen Frist kündigen, – auch Du kannst kündigen. Bei einer Kündigung solltest Du Deine Arbeit auf keinen Fall einstellen und auch weiterhin die Berufsschule besuchen. Wird der Betrieb an einen Dritten veräußert, so gehen alle Rechte und Pflichten auf den Dritten über. Dieser ist dann auch der neue Vertragspartner und Ausbildende von Dir. Bei einer drohenden Betriebsstilllegung solltest Du rechtzeitig mit der Agentur für Arbeit in Verbindung treten. Achte darauf, dass das Kündigungsschreiben den genauen Grund „Insolvenz" beinhaltet.

15.4 Übernahme durch einen Dritten!

Wird der Betrieb von einem Dritten übernommen, tritt dieser in die Rechtsstellung des ursprünglichen Betriebsinhabers. Bestehende Ausbildungsverhältnisse gehen somit auf den Dritten, den Erwerber über. Der neue Betriebsinhaber tritt an die Stelle des Ausbildenden und übernimmt somit auch alle Rechte und Pflichten gegenüber der Belegschaft. Besteht das Ausbildungsverhältnis trotz Kündigung noch, so geht das Vertragsverhältnis auf den neuen Betriebsinhaber über.

Praxisbeispiel: Das Insolvenzverfahren bei der Firma Maier wurde zum 01.03.2012 eröffnet. Der Insolvenzverwalter kündigt der gesamten Belegschaft mit einer dreimonatigen Frist. Bereits am 20.04.2012 übernimmt die Muster GmbH das

Unternehmen und tritt somit die Rechtsstellung der Firma Maier an. Die Firma Muster übernimmt somit die Pflichten gegenüber der Belegschaft. Nachdem die Kündigungsfrist noch nicht abgelaufen ist, gehen alle Ausbildungsverträge über und die Ausbildung kann fortgesetzt werden.

16 | Schwangerschaft und Mutterschutz

Ein wichtiges Thema kann auch weibliche Azubis der Mutterschutz sein. Der nachfolgende Abschnitt gibt umfangreiche Informationen zu den Themen Schwangerschaft und Mutterschutz.

16.1 Schwangere haben einen besonderen Schutz

Eine Schwangerschaft wird nicht immer gleich erkannt. Frühe Schwangerschaftssymptome wie Übelkeit und geringere Ausdauer werden nicht selten anderen Gründen zugeschrieben, so dass manchen jungen Frauen zunächst die Schwangerschaft gar nicht bewusst ist. Der Gesetzgeber bietet dabei jungen Frauen, zu diesem Zeitpunkt einen besonderen Schutz, und das auch während der Probezeit.

Da das Ausbildungsverhältnis ein befristetes Vertragsverhältnis ist, endet es mit dem Bestehen der Abschlussprüfung. Das gilt grundsätzlich auch bei Schwangerschaft und während eines Mutterschutzes. Das Ausbildungsverhältnis kann jedoch auf Antrag des Azubi und des Ausbildenden bei der Kammer bzw. Innung verlängert werden, wenn das Ausbildungsziel wegen häufiger Fehlzeiten auf Grund der Schwangerschaft nicht erreicht werden kann.

16.2 Schwangerschaft bei der Ausbildungsplatzsuche

Die Frage nach einer bestehenden Schwangerschaft ist im Bewerbungsgespräch grundsätzlich unzulässig. Die Bewerberin muss sie nicht beantworten. Wird später eine Schwangerschaft festgestellt, kann der Ausbildende den Ausbildungsvertrag nicht anfechten. Aber wie immer gibt es Ausnahmen:

Ausbildungsberufe, die nicht für Schwangere geeignet oder in denen Schwangere überhaupt nicht beschäftigt werden dürfen wie z. B. dem der Röntgenassistentin. Denn grundsätzlich darf während der Berufsausbildung weder die Mutter noch das ungeborene Kind gefährdet werden.

16.3 Besonderer Kündigungsschutz auch während der Probezeit

Auszubildende genießen einen besonderen Kündigungsschutz, selbst während der Probezeit. Wenn der Arbeitgeber einer Auszubildenden während der Probezeit kündigt, dann muss diese innerhalb von zwei Wochen nach Zugang der Kündigung, den Ausbildungsbetrieb über die bestehende Schwangerschaft in Kenntnis setzen.

Eine Überschreitung dieser Frist ist unschädlich, wenn die Auszubildende die bestehende Schwangerschaft selbst erst später bemerkt und die Mitteilung unverzüglich nachholt. Nur wenn der Ausbildende von der Schwangerschaft weiß, kann er die gesetzlichen Vorgaben und den Kündigungsschutz im Mutterschutzgesetz (MuSchG) einhalten. Sollte der Ausbildende den Kündigungsschutz trotz Kenntnis der Schwangerschaft ungeachtet lassen, so kann die Auszubildende hiergegen vorgehen.

16.4 Kündigung nach der Probezeit

Nach der Probezeit besteht für alle Auszubildenden ohnehin ein besonderer Kündigungsschutz. Während der Schwangerschaft genießen Auszubildende dazu einen ganz besonderen Kündigungsschutz.

16.5 Kündigung während der Ausbildung

Wer während der Berufsausbildung ungeplant schwanger wird, hat oft Zweifel, ob die Berufsausbildung mit der Schwangerschaft zu vereinbaren ist. Sicherlich noch eine weitere Herausforderung, neben all den anderen Herausforderungen, die bereits während dieser Zeit auf Auszubildende zukommen. Dabei sollte grundsätzlich nicht vergessen werden, dass sowohl Mutter als auch Kind eine ausreichende Perspektive benötigen: Dafür wiederum ist eine Berufsausbildung ganz wichtig. Auszubildende, die während der Berufsausbildung schwanger werden, müssen unverzüglich den Ausbildenden über die bestehende Schwangerschaft informieren. Auf dessen Verlangen ist ein ärztliches Attest, aus dem der voraussichtliche Geburtstermin hervorgeht, vorzulegen. Die Kosten für das Attest sind vom Ausbildenden zu tragen.

16.6 Beschäftigungsverbot

Akkord- und Fließbandarbeit dürfen weder Schwangeren noch stillenden Müttern übertragen werden. Ab dem sechsten Monat dürfen Schwangere nicht mehr als vier Stunden täglich stehen. Die tägliche Arbeitszeit ist auf achteinhalb Stunden und für jugendliche Auszubildende auf acht Stunden begrenzt. Nachtarbeit zwischen 20.00 h und 06.00 h und das Arbeiten an Sonn- und Feiertagen ist verboten. Ausnahmen bestehen in Krankenhäusern, Hotels und in der Gastronomie.

Weitere Beschäftigungsverbote gelten für alle werdenden Mütter bei

- körperlich schweren Tätigkeiten;

- Tätigkeiten mit gesundheitsgefährdenden Stoffen (wie z. B. Dämpfen, Strahlen und Staub);
- ständiger Nässe und Kälte.

Ferner dürfen körperlich schwere Arbeiten, wie z. B.

- regelmäßiges Heben schwerer Lasten von mehr als 5 Kilogramm,
- gelegentliches Heben schwerer Lasten von mehr als 10 Kilogramm,
- Tätigkeiten, die häufiges Strecken oder Bücken

erfordern, von werdenden Müttern nicht durchgeführt werden.

16.7 Ärztliches Beschäftigungsverbot

Kann eine Auszubildende während der Schwangerschaft keine der mit dem Beruf verbundenen Tätigkeiten ausüben, kann auch ein vollständiges Beschäftigungsverbot durch den behandelnden Arzt ausgesprochen werden. Der Anspruch auf die Ausbildungsvergütung bleibt trotz Beschäftigungsverbot vollständig bestehen.

Eine Schwangerschaft ist kein Grund für den Abbruch der Berufsausbildung. Die Schutzvorschriften sollen die Durchführung der Berufsausbildung auch während der Schwangerschaft ermöglichen.

Du kannst erklären, trotz eines mutterschutzrechtlichen Beschäftigungsverbotes an der Prüfung teilnehmen zu wollen. Die Prüfungsfähigkeit muss dann durch eine fachärztliche Bescheinigung bestätigt werden. Achte darauf, dass die Bescheinigung das Datum der Prüfung ausweist.

16.8 Freistellungen in der Schwangerschaft

Der Ausbildende muss Auszubildenden während der Schwangerschaft ausreichende Erholungspausen ermöglichen. Für Arztbesuche müssen Schwangere freigestellt werden.

Eine Mutter muss für das Stillen des Kindes unter Fortzahlung der Vergütung freigestellt werden.

16.9 Verlängerung der Ausbildungsdauer

Während der Schwangerschaft kann der planmäßige Ablauf der Berufsausbildung ggf. durch Fehlzeiten gestört werden, so dass eine optimale Vorbereitung auf eine anstehende Prüfung nicht immer möglich ist. Ausbilder und Azubi können bei der jeweilig zuständigen Kammer bzw. Innung einen Antrag auf Verlängerung der Ausbildung stellen. Die Ausbildung wird dann bis zum nächstmöglichen Prüfungstermin verlängert. Die Prüfungen finden in der Regel alle sechs Monate statt.

Praxisbeispiel: *Die Auszubildende Marie hat auf Grund ihrer Schwangerschaft häufige Fehlzeiten, so dass ihr in den letzten Monaten eine Vielzahl von Ausbildungsrelevanten Inhalten fast vollständig fehlen. Vermutlich kann sie das Ausbildungsziel in der vorgesehen Zeit nicht erreichen. Nachdem der Ausbildende mit der Verlängerung einverstanden ist, stellt Marie bei der zuständigen Kammer den Antrag auf Verlängerung der Ausbildungszeit.*

16.10 Mutterschutzfristen

Sechs Wochen vor der Geburt kann die Auszubildende in Mutterschutz gehen. Sie kann aber auch freiwillig bis zum Geburtstermin arbeiten. In solchen Fällen muss der Ausbildende auf einen entsprechenden schriftlichen Nachweis bestehen. Die Auszubildende kann jederzeit die Erklärung widerrufen und ihre Schutzfrist in Anspruch nehmen. Nach der Geburt enthält das Mutterschutzgesetz ein **striktes Beschäftigungsverbot**, so dass die Auszubildende auf jeden Fall acht Wochen zu Hause bleiben muss. Bei Früh- oder Mehrlingsgeburten beträgt die Schutzfrist nach der Geburt zwölf Wochen. Der Mutterschutzurlaub verlängert sich bei einer Frühgeburt um die Anzahl der Tage, die vor der Entbindung nicht in Anspruch genommen werden konnten.

Praxisbeispiel: *Marie wurde als voraussichtlicher Geburtstermin der 26.05.2012 berechnet. Somit kann sie ab dem 14.04.2012 bis zum 21.07.2012 in Mutterschutz gehen. Nachdem der Nachwuchs von Marie erst am 31.05.2012 zur Welt kommt, verlängert sich der Mutterschutz und endet somit erst am 26.07.2012.*

Der jährliche Urlaubsanspruch bleibt trotz Mutterschutzurlaub in voller Höhe erhalten. Der Anspruch auf Resturlaub verfällt auch nicht nach dem 31. März des darauffolgenden Jahres. Während der Mutterschutzfristen muss der Ausbildende die volle Ausbildungsvergütung zahlen. Fällt die Abschlussprüfung in die acht-Wochen-Frist, so kann die Auszubildende auf eigenen Wunsch daran teilnehmen.

16.11 Übernahmeanspruch im Mutterschutz?

Einen Anspruch auf eine Übernahme in ein festes Arbeitsverhältnis hat die Auszubildende nicht, da es sich um ein befristetes Vertragsverhältnis handelt, das mit Bestehen der Abschlussprüfung endet.

Natürlich kann, wie Du ja bereits weißt, in den letzten sechs Monaten die Übernahme in ein befristetes oder unbefristetes Arbeitsverhältnis vereinbart werden.

FAZIT

Eine schwangere Auszubildende hat einen besonderen Kündigungsschutz. Die Mutterschutzfristen sind vom Gesetzgeber vorgegeben: Sechs Wochen vor dem errechneten Entbindungstermin und acht Wochen nach der Geburt, bei Früh- und Mehrlingsgeburten zwölf Wochen. Es bleibt Dir jedoch freigestellt, vor der Geburt zu arbeiten – nach der Geburt aber ist dies strikt verboten, selbst wenn Du Dich wieder fit genug fühlst und das Kind gut versorgt ist.
Auf Deinen Wunsch kannst Du trotz eines Beschäftigungsverbots mit Billigung des Arztes an der Prüfung teilnehmen.
Auf Antrag kann die Ausbildungsdauer verlängert werden.

17 | Elternzeit

Das Berufsausbildungsverhältnis wird für die Dauer der Elternzeit unterbrochen, so dass sich die Ausbildungsdauer um die in Anspruch genommene Elternzeit verlängert. Während der Elternzeit von insgesamt 3 Jahren genießen Auszubildende weiterhin den besonderen Kündigungsschutz.

17.1 Antrag auf Elternzeit

Es ist wichtig den Ausbildenden rechtszeitig von der Planung der Elternzeit in Kenntnis zu setzen. Aus diesem Grund ist der Antrag auf Elternzeit bis zu sieben Wochen vor Beginn der Elternzeit schriftlich beim Ausbildenden zu stellen. Der Antrag ist an keine Form gebunden, lediglich Beginn und Ende der Elternzeit müssen daraus hervorgehen.

17.2 Aufteilung der Elternzeit

Die Elternzeit kann durchgehend bis zum Ende des dritten Lebensjahres des Kindes in Anspruch genommen werden. Sie kann aber auch aufgeteilt werden. Wer zum Beispiel das dritte Jahr aufsparen möchte, hat bis zum achten Lebensjahr des Kindes dazu die Möglichkeit. Um diese Möglichkeit zu nutzen, müssen Auszubildende dies jedoch bei der Antragstellung der Elternzeit ankündigen. Der Ausbildende muss seine Zustimmung erteilen.

Das Berufsausbildungsverhältnis solltest Du trotz Elternzeit auf jeden Fall fortführen. Es besteht kein Grund für eine Kündigung bzw. einen Aufhebungsvertrag.

17.3 Elterngeldanspruch

Während der Elternzeit haben Auszubildende keinen Anspruch auf Ausbildungsvergütung. Mutter und Vater, die gemeinsam mit ihrem Kind in einem Haushalt leben, haben stattdessen einen Anspruch auf Elterngeld, wenn sie ihren Wohnsitz bzw. ihren gewöhnlichen Aufenthalt in Deutschland haben. Das Elterngeld beträgt 67 % des bisherigen Nettoeinkommens. Nachdem die Ausbildungsvergütung in der Regel unter der Geringverdienergrenze von 1000 € liegt, erhalten Auszubildende mindestens 300 € monatlich. Der Antrag auf Elterngeld sollte möglichst direkt nach der Geburt gestellt werden. Er wird maximal drei Monate rückwirkend gezahlt. Dieser Betrag steht auch Müttern zu, die zuvor nicht gearbeitet haben. Die Anspruchsdauer von 12 Monaten ist gesetzlich festgelegt. Betreut der Vater das Kind (Vätermonate), verlängert sich der Anspruch auf Elterngeld um weitere zwei Monate. Die Elternzeit kann grundsätzlich aufgeteilt werden, bzw. beide Elternteile können in Teilzeit arbeiten. Alleinerziehende haben grundsätzlich die Möglichkeit, Elterngeld für 14 Monate zu beantragen.

17.4 Erwerbstätigkeit

Während der Elternzeit ist eine Erwerbstätigkeit bis zu 30 Stunden pro Woche zulässig. Diese Grenze gilt nicht für Alleinerziehende. Der Verdienst muss bei der Elterngeldstelle gemeldet werden und wird dann vom ursprünglichen Einkommen abgezogen, so dass das Elterngeld neu berechnet werden kann. Für Auszubildende führt dies in der Regel zu keinen Veränderungen, da diese den Mindestsatz von 300 € erhalten. Wer sich selbständig machen oder eine Arbeit bei einem anderen Arbeitgeber aufnehmen will, bedarf der Zustimmung des Arbeitgebers.

17.5 Kindergeldanspruch

Der Kindergeldanspruch besteht ab der Geburt. Der Antrag bei der Familienkasse muss schriftlich erfolgen. Das Kindergeld wird an die Person ausgezahlt, bei der das Kind lebt. Auszubildende haben während der Berufsausbildung bis zum 25. Lebensjahr einen eigenen Anspruch auf Kindergeld.

Fazit

Während der Elternzeit von insgesamt drei Jahren genießt Du einen besonderen Kündigungsschutz. Das Ausbildungsverhältnis ruht während der Elternzeit. Grundsätzlich kann die Elternzeit innerhalb der ersten acht Lebensjahre des Kindes mit Zustimmung des Arbeitgebers aufgeteilt werden. Den Antrag auf Elterngeld solltest Du umgehend nach der Geburt Deines Kindes stellen. Der Anspruch auf ein Elterngeld von 300,00 € besteht für zwölf bis vierzehn Monate nach der Geburt. Während der Elternzeit kannst Du etwas dazu verdienen, wobei die wöchentliche Arbeitszeit auf max. 30 Stunden begrenzt ist. Für Alleinerziehende gilt diese Grenze nicht.

18 | Teilzeitausbildung

Für junge Mütter, die während der Berufsausbildung ihr Kind zur Welt bringen, stellt sich häufig das Problem, das Kind und die Ausbildung unter einen Hut zu bringen. Das gleiche Problem haben Azubis, die pflegebedürftige Angehörige betreuen. In einem solchen Fall besteht die Möglichkeit, die tägliche bzw. wöchentliche Arbeitszeit zu verkürzen. Die tägliche Arbeitszeit kann auf vier bis sechs Std. gekürzt werden, so dass die wöchentliche Arbeitszeit 20 bis max. 30 Std. beträgt. Dabei werden alle Ausbildungsinhalte in der verkürzten Zeit innerhalb der regulären Ausbildungsdauer vermittelt.

Die Ausbildungsdauer muss hierbei nicht verlängert werden, wenn zu erwarten ist, dass das Ausbildungsziel trotz Verkürzung erreicht werden kann. Aber auch eine Verlängerung der Ausbildungsdauer kann in einem solchen Fall während der Berufsausbildung auf Antrag vereinbart werden.

Mit mindestens 20 und maximal 30 Wochenstunden, einschließlich des Berufsschulunterrichts, kannst Du innerhalb der vorgesehenen Ausbildungsdauer Deine Berufsausbildung absolvieren.

18.1 Vertragsniederschrift und Teilzeitausbildung

Im Berufsausbildungsvertrag muss die Teilzeitausbildung festgehalten werden. Dabei werden die Regelausbildungsdauer, die gesamten Wochenstunden inklusive der Berufsschulzeit und die tägliche betriebliche Arbeitszeit festgehalten. Während der berufsschulfreien Wochen müssen die gesamten Wochenstunden im Ausbildungsbetrieb verbracht werden.

18.2 Ausbildungsvergütung bei Verkürzung der wöchentlichen Ausbildungszeit

Die Ausbildungsvergütung wird bei einer Verkürzung der wöchentlichen Arbeitszeit anteilig und somit angepasst an die wöchentliche bzw. monatliche Arbeitszeit gezahlt.

18.3 Staatliche Unterstützungsleistungen

Die Ausbildungsvergütung alleine genügt natürlich nicht, um den Lebensunterhalt zu sichern, so dass staatliche Unterstützungsleistungen (ergänzende Leistungen), wie z. B. Berufsausbildungsbeihilfe (BAB), Kindergeld, Wohngeld, ergänzend Arbeitslosengeld II, Kinderbetreuungskosten beantragt werden können.

18.4 Urlaubsanspruch

Der Urlaubsanspruch richtet sich nach der Anzahl der festgelegten Arbeitstage. So errechnet sich auf Grund des gesetzlichen Urlaubsanspruchs von 24 Tagen anteilig z. B. bei 5 Arbeitstagen pro Woche ein Urlaubsanspruch von ($\frac{24}{6} \times 5$) = 20 Arbeitstagen.

Fazit

In der Ausbildung sind aus besonderen Gründen Arbeitszeitmodelle zwischen 20 und 30 Wochenstunden denkbar. Bei einer reduzierten Wochenarbeitszeit kannst Du innerhalb der regulären Ausbildungsdauer oder aber auch mit einer Verlängerung der regulären Ausbildungsdauer Deine Berufsausbildung absolvieren. Grundsätzlich müssen die Abweichungen im Berufsausbildungsvertrag schriftlich als Zusatz festgehalten werden. Ergänzende staatliche Unterstützungen ermöglichen Dir die Sicherung Deines Lebensunterhaltes (siehe BAB, Wohngeld, Kinderbetreuungskosten).

19 | Ausbildung im Ausland

Die Chance für Auszubildende! So lernen Azubis während ihres Auslandsaufenthalts Berufe aus einer anderen Perspektive kennen. Sie kommen mit anderen Arbeitsabläufen und Verfahren in Kontakt und erweitern ihre fachlichen Qualifikationen. Sie lernen andere Kulturen kennen und haben die Chance, ihre Fremdsprachenkenntnisse auszubauen. Diese Kompetenzen werden im Zuge der Globalisierung im Berufsleben immer wichtiger. Das Berufsbildungsgesetz ermöglicht auch Auslandsaufenthalte während der Berufsausbildung. Nur wenige wissen, dass ein Teil der Berufsausbildung im Ausland durchgeführt kann. Dies gilt für alle Ausbildungsrichtungen. Dadurch gelten Auslandsaufenthalte rechtlich als Teil der Berufsausbildung, so dass das Berufsausbildungsverhältnis während dieser Zeit nicht unterbrochen werden muss. Der Auslandsaufenthalt muss allerdings dem Erreichen des Ausbildungsziels dienen. Ein Auslandsaufenthalt ist auch an keinen Notenschnitt oder etwa an die Volljährigkeit gebunden. In der Regel werden Auslandsaufenthalte jedoch nur Auszubildenden angeboten, die auch die fachlichen und persönlichen Voraussetzungen dafür mitbringen. Darüber hinaus sollten Auszubildende auch Grundkenntnisse der jeweiligen Landessprache besitzen. Eine Möglichkeit, über die Azubis eine Chance eines Auslandsaufenthalts bekommen können, ist das Leonardo da Vinci-Programm – ein Berufsbildungsprogramm der Europäischen Union, das Auslandspraktika von Auszubildenden, aber auch von jungen Berufstätigen fördert.

Sowohl fachlich als auch persönlich kannst Du während der Zeit im Ausland wertvolle Erfahrungen sammeln. Zuvor brauchst Du jedoch die Zustimmung des Ausbildenden, der Berufsschule und ggf. Deiner gesetzlichen Vertreter. Den versäumten Lernstoff der Berufsschule musst Du selbständig nachholen. Eine automatische Verlängerung der Ausbildungsdauer erfolgt nicht.

19.1 Grenzüberschreitende Verbundausbildung

Hierbei handelt es sich um eine langfristig angelegte Kooperation zwischen Betrieben im In- und Ausland, die in der Regel einzelne Ausbildungsabschnitte in der Form der Auftragsausbildung durchführen.

19.2 Berufsausbildungsvertrag und Rahmenbedingungen

Wird bereits zu Beginn der Berufsausbildung die Vereinbarung getroffen, einen Teil der Berufsausbildung im Ausland zu absolvieren, so muss dies in den Berufsausbildungsvertrag – ab einer Dauer von vier Wochen – aufgenommen werden. Eine nachträgliche Vereinbarung ist selbstverständlich möglich, bedarf aber auch der nachträglichen Änderung des Berufsausbildungsvertrages. Die Vertragsänderungen sind durch den Ausbildenden an die jeweilig zuständige Kammer bzw. Innung zur Eintragung weiterzuleiten.

Die Rahmenbedingungen, die den Zeitraum, die Finanzierung und die versicherungsrechtlichen Regelungen beinhalten, müssen vertraglich festgehalten werden. Ausbildender (entsendender Betrieb) und Auslandsbetrieb (aufnehmender

Betrieb) erstellen gemeinsam einen Ausbildungsplan, der als Bestandteil des Ausbildungsvertrages bei einem Auslandsaufenthalt von mehr als vier Wochen mit der jeweilig zuständigen Kammer bzw. Innung abzustimmen ist.

19.3 Bewertungssystem ECVET

Um die unterschiedlichen Bildungssysteme miteinander vergleichen zu können, hat die Europäische Union das Europäische Leistungspunktesystem für die Berufsbildung (ECVET) entwickelt. Durch das Europäische Leistungspunktesystem soll die Beurteilung der im Ausland erworbenen Qualifikationen und Lernergebnisse vereinfacht werden. Der Auslandsbetrieb bewertet die Lernergebnisse der Auszubildenden und vergibt ECVET Punkte, die dann wiederum nach Ablauf des Auslandaufenthaltes in die Gesamtbewertung des Ausbildenden eingehen.

19.4 Dauer des Auslandsaufenthalts

Die Gesamtdauer des Auslandsaufenthaltes darf maximal ein Viertel der in der Ausbildungsordnung festgelegten Ausbildungsdauer betragen. Bei einer Ausbildungsdauer von drei Jahren können Auszubildende somit bis zu neun Monaten in einem ausländischen Betrieb ihre Berufsausbildung durchführen. Die Möglichkeit, diese Zeit in mehrere Auslandsaufenthalte zu teilen besteht, jedoch darf auch dadurch die Gesamtdauer von neun Monaten nicht überschritten werden.

19.5 Ausbildungsvergütung während eines Auslandsaufenthalts und Versicherung

Die Verpflichtungen aus dem Berufsausbildungsvertrag bleiben auch während eines Auslandsaufenthaltes für den Ausbildenden bestehen, so dass die Zahlungen der Ausbildungsvergütung ununterbrochen durch diesen erfolgen. Da der Auslandsaufenthalt zur Berufsausbildung zählt, gelten die allgemeinen Regeln des Steuer- und Sozialversicherungsrechts. Das bedeutet für den Auszubildenden, dass die Abgaben im Inland nach wie vor zu entrichten sind. Unter Berücksichtigung der Vorschriften des jeweiligen ausländischen Staates muss die gesetzliche Krankenkasse prüfen, ob Kranken-, Pflege-, Renten-, und Unfallversicherung des jeweiligen Landes weiterhin dem deutschen Recht unterstehen. In Staaten, in denen kein EU-Recht gilt, können die Voraussetzungen sehr unterschiedlich sein, da ist eine Kontaktaufnahme mit der jeweiligen Krankenkasse zwingend erforderlich. Zusätzlich zur Ausbildungsvergütung erhalten Auszubildende ein Tage- oder Taschengeld, sowie freie Unterkunft. Für die kostenfreie Unterbringung in einer Gastfamilie oder in einem Jugendhotel wird von den Partnerorganisationen gesorgt. Falls ein Sprachkurs erforderlich wird, so können Auszubildende finanzielle Zuschüsse beantragen.

In den EU-Mitgliedstaaten gibt es in der Regel keine versicherungsrechtlichen Probleme, dennoch solltest Du Dich zuvor von Deiner Krankenkasse ausführlich beraten lassen. In manchen Ländern kann die Europäische Krankenversicherungskarte (EHIC) nötig sein. Auch hierüber informiert Dich Deine Kasse.

19.6 Ablauf Auslandsausbildung

Ein Auslandsaufenthalt kann nicht im Alleingang durchgeführt werden, sondern nur in Abstimmung mit dem Ausbildenden. Günstig ist die Zeit nach der Zwischenprüfung bzw. nach Teil I der gestreckten Abschlussprüfung. Auszubildende, die sich für einen Aufenthalt im Ausland interessieren, sollten erst mit ihren Ausbildern oder mit den Berufsschullehrern sprechen, um an einem Austauschprogramm teilnehmen zu können. Diese stellen zum einen die Gruppen zusammen und stellen beim Bundesministerium für Bildung und Forschung (BMBF) auch den erforderlichen Gruppenantrag.

Berufsschule

Auszubildende können sich für die Zeit des Auslandsaufenthalts von der Berufsschule für einen Zeitraum bis zu drei Wochen beurlauben lassen. Eine Beurlaubung ist bis zu einer Dauer von neun Monaten möglich, wenn die Berufsschule, der Ausbildungsbetrieb und die jeweilig zuständige Kammer bzw. Innung gemeinsam feststellen, dass die zeitlich befristete Verlagerung der Berufsausbildung ins Ausland auch überwiegend den inhaltlichen Anforderungen der Berufsausbildung entspricht. Während des Auslandsaufenthalts kann die Berufsausbildung ausschließlich im Ausbildungsbetrieb durchgeführt werden. Der versäumte Stoff des Berufsschulunterrichtes muss selbständig nachgeholt werden. Das Berichtsheft/der Ausbildungsnachweis ist während des Auslandsaufenthaltes weiterhin zu führen.

Reisedokumente

Neben einem gültigen Personalausweis, der mindestens noch bis zum Ende des Auslandsaufenthaltes gültig sein muss, kann in Ländern außerhalb der Europäischen Union (EU) ein Visum oder eine Arbeits- bzw. Aufenthaltserlaubnis gefordert werden. Aktuelle Informationen hierzu können bei der ausländischen Vertretung in Deutschland erfragt werden. Deutsche Staatsbürger benötigen für ein Praktikum innerhalb der EU keine Arbeitserlaubnis. Bei einem Auslandspraktikum innerhalb der EU benötigt man keine Aufenthaltsgenehmigung.

Berufsausbildungsbeihilfe (BAB)

Auszubildende, die ihre Berufsausbildung teilweise im Ausland absolvieren, haben auch während dieser Zeit Anspruch auf Berufsausbildungsbeihilfe, sofern sie die Voraussetzungen erfüllen. Ausbildungen, die ausschließlich im Ausland stattfinden, werden nur gefördert, wenn durch die zuständige Stelle bestätigt wird, dass die Berufsausbildung im Ausland für das Erreichen des Ausbildungszieles besonders dienlich ist. (weitere Informationen, siehe BAB)

Überwachung durch Kammer oder Innung

Nachdem der Auslandsaufenthalt ein integraler Bestandteil der heimischen Berufsausbildung ist, bleibt die Aufsicht darüber bei der jeweilig zuständigen Kammer bzw. Innung. Die Möglichkeiten einer Aufsicht im Ausland sind begrenzt. Neben der Kooperation mit ausländischen Kammern besteht eine Berichtspflicht (Zwischen- und Abschlussbericht) für Auszubildende, der Aufschluss über den Ablauf der Berufsausbildung geben sollte. Bei einem Auslandsaufenthalt über vier Wochen ist ein gesonderter Ausbildungsplan, in Abstimmung mit der jeweilig zuständigen Kammer bzw. Innung für den Zeitraum zu erstellen. Die darin beschriebenen Ausbildungsinhalte sind dem Vertrag, der zwischen den Vertragspartnern, dem Ausbildenden (entsendender Betrieb) im Inland und dem Ausbildenden (aufnehmender Betrieb) im Ausland geschlossen wird, beizufügen. Neben den Ausbildungsinhalten sind die Rechte und Pflichten aller Beteiligten im Vertrag schriftlich festzuhalten.

Einen Teil der Berufsausbildung im Ausland zu absolvieren, ist eine Chance, die Du Dir nicht entgehen lassen solltest! Neben dem Erwerb zusätzlicher Fach- und Sprachkenntnisse kannst Du auch noch Land und Leute kennenlernen. Dennoch solltest Du Dich sorgfältig darauf vorbereiten. Im fremden Land unter fremden Arbeitsbedingungen während des vereinbarten Zeitraumes die Berufsausbildung fortzusetzen, erfordert auch eine besondere Disziplin.

Freistellung für den Auslandsaufenthalt

Eine Freistellung oder Beurlaubung bedarf der Zustimmung des Ausbildenden. Die Kosten eines Auslandsaufenthalts sind in diesem Fall ausschließlich von den Auszubildenden zu tragen. Die zuständige Kammer bzw. Innung entscheidet über eine Anrechnung auf die Berufsausbildung.

Europass

Der europaweit standardisierte Europass gibt in übersichtlicher Form Auskunft über die im In- und Ausland erworbenen Qualifikationen und Kompetenzen. Der europäische

Lebenslauf gibt umfassenden Aufschluss über das Profil der Bewerber. Die im europäischen Ausland erworbenen Qualifikationen und Kompetenzen werden dort chronologisch dargestellt. Zusätzlich können die erworbenen Sprachkenntnisse und Arbeitstechniken und zusätzlich erworbene Fähigkeiten eingetragen werden. Sprachkenntnisse werden im „Europass Sprachen" und Lern- und Arbeitserfahrungen werden im „Europass Mobilität" dokumentiert. Diesen bietet die Europäische Kommission kostenlos an.

Mit dem Europass zählst Du bereits während Deiner Berufsausbildung zu einem ausgewählten Personenkreis. Er gibt Aufschluss über Deine persönlichen und fachlichen Qualifikationen und über Deine Erfolge, die Du innerhalb der einzelnen Ausbildungsabschnitte während Deines Auslandsaufenthalts erzielt hast. Der europaweit einheitliche Europass ist ein Dokument, das Du künftig Deinen Bewerbungsunterlagen beifügen kannst!

Organisationen für Auslandspraktika

„Leonardo da Vinci" bietet Auszubildenden während ihrer Berufsausbildung geförderte Praxisphasen im europäischen Ausland. Der Deutsche Akademische Austauschdienst (DAAD) unterstützt das EU-Bildungsprogramm Lebenslanges Lernen oder „InWEnt" bietet während und auch nach der Berufsausbildung die Chance, weltweit Berufserfahrung zu sammeln. Organisation und Finanzierung erfolgen über die jeweiligen Anbieter. „Let's go" ermöglicht Auszubildenden des Handwerks während der Ausbildung geförderte Praxisphasen im europäischen Ausland.

Abbruch des Auslandsaufenthaltes

Auszubildende werden in der Regel auch auf einen möglichen Abbruch des Auslandsaufenthaltes durch den Ausbildenden und die Berufsschullehrer vorbereitet. In der Regel beinhaltet der Vertrag mit dem ausländischen Ausbildungsbetrieb eine Regelung für einen vorzeitigen Abbruch.

Fazit

Ein Auslandsaufenthalt während Deiner Berufsausbildung wird Dir in der Regel dann angeboten, wenn der Ausbildende und die Berufsschule Deine persönliche und fachliche Eignung hierfür erkennen. So hast Du die Möglichkeit, einen Teil Deiner Berufsausbildung, maximal neun Monate, im Ausland durchzuführen. Die Gesamtdauer von neun Monaten kann in mehrere Teile aufgeteilt werden. Vorteilhaft sind auf jeden Fall Grundkenntnisse der jeweiligen Landessprache. Bei einem Auslandsaufenthalt von mehr als vier Wochen wird ein gesonderter Ausbildungsplan, in Abstimmung mit der jeweilig zuständigen Kammer bzw. Innung erstellt. Deine Ausbildungsvergütung während dieser Zeit zahlt Dir der Ausbildende weiterhin. Erforderliche Sprachkurse können durch finanzielle Zuschüsse unterstützt werden. Als Nachweis über die von Dir erworbenen persönlichen und fachlichen Qualifikationen erhältst Du den Europass. Vor Reiseantritt solltest Du auf jeden Fall alle versicherungsrechtlichen Fragen klären. Im Rahmen einer Freistellung (Beurlaubung) musst Du bedenken, dass der Auslandsaufenthalt von Dir selbst organisiert und ggf. finanziert werden muss.

20 | Ausbildungsplatzchancen verbessern

Wenn der nahtlose Übergang von der Schule in eine Berufsausbildung nicht gelingt, haben Schüler die Chance – sich beruflich zu orientieren bzw. zu qualifizieren. Auszugsweise soll an dieser Stelle das Berufsgrundbildungsjahr (BGJ) genannt werden. Darüber hinaus gibt es spezielle Angebote, die von Bundesland zu Bundesland abweichen können. Dies sind beispielsweise in Bayern und Baden-Württemberg das Berufsvorbereitungsjahr (BVJ) oder aber das Berufseinstiegsjahr (BEJ). Der Unterricht findet in Vollzeit für die Dauer eines Jahres statt.

20.1 Das Berufsgrundbildungsjahr

Voraussetzung für den Besuch des Berufsgrundbildungsjahres ist der Hauptschulabschluss. Der erfolgreiche Abschluss des Berufsgrundbildungsjahres (BGJ) erfüllt die gesetzlich vorgeschriebene Schulpflicht und kann ganz oder teilweise auf die Berufsausbildung innerhalb des gewählten Berufsfeldes angerechnet werden (→ Kann-Verkürzung).

20.2 Das Berufsvorbereitungsjahr

Der Besuch des Berufsvorbereitungsjahres (BVJ) ermöglicht Jugendlichen, den Hauptschulabschluss nachzuholen oder zu verbessern. Dabei können sie sich in einem Berufsfeld auf den Berufseinstieg vorbereiten und dadurch ihre Berufsschulpflicht erfüllen.

20.3 Das Berufseinstiegsjahr

Das Berufseinstiegsjahr (BEJ) ermöglicht den Erwerb beruflicher Vorqualifikationen in einem Berufsfeld, wodurch sich die Chancen für den Einstieg in eine Berufsausbildung verbessern. Auch durch den Besuch des BEJ wird die Berufsschulpflicht erfüllt.

20.4 Anmeldung

Die Schüler/Innen melden sich zu all diesen Schulformen direkt an. Der Anmeldung ist in der Regel eine Kopie des letzten Schulzeugnisses beizufügen.

20.5 Durchführung

Die Angebote der einzelnen Bundesländer sowie die angebotenen Berufsfelder sind bei den jeweiligen Schulbehörden oder bei der Agentur für Arbeit bzw. auf dem KURSNET-Portal zu erfragen.

20.6 Anrechnung

Das Berufsvorbereitungsjahr (BVJ) kann nicht als erstes Ausbildungsjahr angerechnet werden.

Das Berufsgrundbildungsjahr (BGJ) hingegen kann unter bestimmten Voraussetzungen als erstes Ausbildungsjahr angerechnet werden. Durch die Anrechnung hat der Auszubildende Anspruch auf die Ausbildungsvergütung des zweiten Ausbildungsjahres. Das BGJ wird jedoch nicht als Teilqualifikation anerkannt.

Die oben genannten Jahre können, sie müssen aber nicht im Einzelfall auf die Dauer der Berufsausbildung angerechnet werden.

20.7 Berufsvorbereitende Bereiche

In diesen Berufsfeldern werden berufsvorbereitende Maßnahmen angeboten:

- Metall
- Elektrotechnik
- Handel und Verkauf
- Körperpflege
- Hauswirtschaft
- Gastronomie
- Wirtschaft und Verwaltung
- Holz
- Bautechnik
- Farbe und Gestaltung
- Agrarwirtschaft

- Ernährung
- Textiltechnik

Die jeweils vor Ort angebotenen Bereiche sollten dort bei der Industrie- und Handelskammer oder Handwerkskammer erfragt werden.

21 | Eine kleine Begriffskunde...

Als Azubi stehst Du auf einmal vor einem Berg von Begriffen, die Du zunächst vielleicht nur schwer verstehst. Die wichtigsten haben wir im folgenden für Dich kurz und knapp erläutert!

→ **Abmahnung** Die Abmahnung ist eine schriftliche Verwarnung bei einem Fehlverhalten des Arbeitnehmers. Sie soll dazu dienen, den Fehler zu korrigieren. Die Abmahnung kann bereits den Hinweis enthalten, dass ein nochmaliger Verstoß zu einer Kündigung führen kann.

→ **Akkordarbeit** Bei Akkordarbeit wird vom Arbeitnehmer dauerhaft ein bestimmtes Arbeitstempo gefordert. Der Lohn richtet sich dann nach dem geleisteten Arbeitsergebnis. Bei Jugendlichen ist Akkordarbeit nicht zulässig. Das gilt jedoch nicht, wenn diese Tätigkeit zur Erreichung des Ausbildungsziels erforderlich ist. Wichtig hierbei ist, dass durch eine fachkundige Person die Aufsicht gewährleistet wird. Werdende und stillende Mütter dürfen grundsätzlich nicht mit Akkordarbeit beschäftigt werden.

Gesetzliche Regelung: § 23 JArbSchG, § 4 Abs. 3. Satz 1 und 2 MuSchG

→ **Arbeitskleidung** Ein Arbeitnehmer ist verpflichtet, die vorgeschriebene Schutzbekleidung zu tragen. Der Ausbildende muss sie vollständig zahlen. Andere Arbeitskleidung muss der Azubi selbst bezahlen.

→ **Aufhebungsvertrag** Jedes Arbeitsverhältnis, also auch ein Berufsausbildungsverhältnis kann durch einen Aufhebungsvertrag beendet werden. Ein Aufhebungsvertrag kann nur in gegenseitigem Einverständnis zwischen Ausbildenden und Auszubildenden geschlossen werden. Gegen einen Aufhebungsvertrag kann kein Widerspruch eingelegt werden. Bei Arbeitslosigkeit droht dem Arbeitnehmer ggf. eine Sperrfrist.

→ **Arbeitszeit** Arbeitszeit ist die Zeit, die Du am Ausbildungsplatz verbringen musst. Dazu gehören auch Berufsschulzeiten. Im Berufsausbildungsvertrag ist die Arbeitszeit schriftlich fixiert. Die tägliche Arbeitszeit darf acht Stunden, die wöchentliche 40 Stunden nicht überschreiten. Für erwachsene Auszubildende gilt das Arbeitszeitgesetz.

Gesetzliche Regelung: § 8 JArbSchG, § 3 ArbZG ff.

→ **Ärztliche Untersuchung** Jugendliche Auszubildende müssen sich vor Beginn der Berufsausbildung und nach einem Jahr ärztlich untersuchen lassen.

→ **Ausbildender** Der Ausbildende ist Dein Vertragspartner des Berufsausbildungsvertrags. Der Gesetzgeber erlaubt es Ausbildenden nur bei persönlicher Eignung, Auszubildende einzustellen. Fehlt dem Ausbildenden die fachliche Eignung, so muss er einen Ausbilder mit der Ausbildung beauftragen.

Gesetzliche Regelung: §§ 28, 29 BBiG

→ **Ausbilder** Der Ausbilder ist verantwortlich für die Vermittlung der vorgeschriebenen Ausbildungsinhalte. Er ist

Ansprechpartner für alle Azubis wie auch für den Ausbildenden. Der Ausbilder muss sowohl persönlich als auch fachlich geeignet sein.

Gesetzliche Regelung: §§ 29 BBiG i. V. mit § 25 JArbSchG, § 30 BBiG

→ **Ausbildungsstätte** Die Ausbildungsstätte ist der Ort, an dem Deine Ausbildung tatsächlich stattfindet. Die Ausbildungsstätte muss für die Durchführung der Ausbildung geeignet sein und über die erforderliche Einrichtungen und Maschinen verfügen, damit Dir die beruflichen Fertigkeiten und Kenntnisse vermittelt werden können.

Gesetzliche Regelung: § 27 BBiG

→ **Ausbildungsbegleitende Hilfe** Dies ist eine besondere Fördermaßnahme, die Dich während Deiner Erstausbildung begleitet. In Abstimmung mit dem Ausbildenden wird ein individueller Förderplan erstellt. Ein- bis zweimal wöchentlich kannst Du ausbildungsbegleitende Hilfe (abH) in Anspruch nehmen.

→ **Ausbildungsfremde Arbeiten** Tätigkeiten, die nicht dem Ausbildungszweck dienen, die körperlich zu anstrengend für Dich sind, dürfen Dir nicht übertragen werden. Vorsicht: Das Fegen der Werkstatt und die Wartung von Werkzeugen ist keine ausbildungsfremde Tätigkeit, es sei denn, Du wirst unverhältnismäßig häufig oder ausschließlich zu solchen Tätigkeiten angehalten.

→ **Ausbildungsmittel** Dies sind alle für die Ausbildung erforderlichen Arbeits- und Ausbildungsmittel, Gebrauchs- und Verbrauchsmaterialien und Betriebstechnik. Sie müssen Dir unentgeltlich während der Berufsausbildung und zu den Prüfungen zur Verfügung gestellt werden. Lern- und Arbeitsmittel, die Du nur für die Berufsschule benötigst, gehören nicht dazu.

Gesetzliche Regelung: § 14 Abs. 3 BBiG

→ **Ausbildungsordnung** In der Ausbildungsordnung sind die zu vermittelnden beruflichen Mindestanforderungen sowie die Prüfungsanforderungen verbindlich festgelegt.

Gesetzliche Regelung: § 5 BBiG

→ **Ausbildungsplan** Der Ausbildungsplan gibt genaue Auskunft über die Inhalte und den zeitlichen Ablauf Deiner Ausbildung. Er wird als Anhang Deinem Berufsausbildungsvertrag beigefügt. Auch nachträgliche Änderungen und Ergänzungen werden dort schriftlich festgehalten.

→ **Ausbildungsvergütung** Die Brutto-Ausbildungsvergütung wird im Ausbildungsvertrag festgehalten. Sie erhöht sich in jedem Ausbildungsjahr.

Gesetzliche Regelung: § 17 BBiG

→ **Auslandsaufenthalt** Es besteht die Möglichkeit, einen Teil der Berufsausbildung im Ausland zu absolvieren, sofern es dem Ziel der Berufsausbildung dient. Dabei darf die Gesamtdauer des Auslandsaufenthaltes ein Viertel der gesamten Ausbildungsdauer nicht überschreiten.

Gesetzliche Regelung: § 2 Abs. 3 BBiG

→ **Berufsausbildungsvertrag** Der Berufsausbildungsvertrag kommt durch übereinstimmende Willenserklärungen zwischen Ausbildendem und Auszubildendem zustande. Der Vertrag bedarf der Schriftform.

Gesetzliche Regelung: § 10 BBiG

→ **Beendigung des Berufsausbildungsverhältnisses** Das Ausbildungsverhältnis ist ein befristetes Vertragsverhältnis. Es endet mit Vertragsablauf bzw. – bei früherer Prüfung – mit Bestehen der Abschlussprüfung.

→ **Berichtsheft/Ausbildungsnachweis** Im Berichtsheft musst Du alle Kenntnisse und Fertigkeiten, die während der Berufsausbildung vermittelt wurden, eintragen. Die Berichtshefte/Ausbildungsnachweise sind eine Voraussetzung für die Zulassung zur Abschlussprüfung.

Gesetzliche Regelung: § 14 Abs. 4 BBiG

→ **Berufsausbildungsbeihilfe (BAB)** Wenn Dein Ausbildungsplatz zu weit von zu Hause entfernt ist, kannst Du eine Berufsausbildungsbeihilfe beantragen. Die Höhe hängt von Deiner Ausbildungsvergütung und dem Einkommen Deiner Eltern ab. Den Antrag auf Berufsausbildungsbeihilfe stellst Du bei der Agentur für Arbeit.

→ **Berufsbildungsgesetz (BBiG)** Das Berufsbildungsgesetz ist die gesetzliche Grundlage für die betriebliche Berufsausbildung. Es enthält auch die Rechte und Deine Pflichten des Azubis und des Ausbildenden.

→ **Berufsschule** Im dualen System der Berufsausbildung ist die Berufsschule einer der beiden Lernorte. Du hast als Auszubildender das Recht, am Berufsschulunterricht teilzunehmen. Der Ausbildende muss Dich dazu von der Arbeit freistellen.

Gesetzliche Regelung § 9 JArbSchG

→ **Betriebsrat** In einem Betrieb mit mehr als fünf ständig beschäftigten Mitarbeitern kann ein Betriebsrat gewählt werden. Der Betriebsrat vertritt gegenüber dem Arbeitgeber bzw. Ausbildenden die Interessen aller Auszubildenden und Mitarbeiter. Der Betriebsrat wird von allen Mitarbeitern gewählt, auch von den Auszubildenden, die das 18. Lebensjahr erreicht haben.

Gesetzliche Regelung: § 1 BetrVG

→ **Betriebsvereinbarung** In Betriebsvereinbarungen regeln Arbeitgeber und Betriebsrat die Arbeitsbedingungen im Betrieb.

→ **Betriebsversammlung** Einmal im Quartal findet eine Betriebsversammlung statt, an der alle Mitarbeiter und Auszubildende des Betriebs teilnehmen können.

→ **Beurteilung** In Beurteilungen werden das Verhalten, die Leistungsbereitschaft und die Ausbildungsreife regelmäßig dokumentiert. Beurteilungen sollten mit dem Arbeitnehmer besprochen werden, damit die vorhandenen Stärken ausgebaut und Schwächen in der Lernbereitschaft und im Verhalten zukünftig verbessert werden.

→ **Dauer der Ausbildung** Die Dauer Deiner Berufsausbildung ist in der Ausbildungsordnung festgelegt und im Ausbildungsvertrag festgehalten. Durch den vorangegangenen Besuch einer Berufsfachschule oder eines Berufsgrundbildungsjahres kann die Dauer verkürzt werden.

→ **Dienstvereinbarungen** Dienstvereinbarungen regeln die Ausbildungs- und Arbeitssituation im öffentlichen

Dienst. Der Personalrat handelt mit der Dienststellenleitung bzw. Amtsstellenleitung Vereinbarungen über z. B. die tägliche Arbeitszeit, Weiterbildungsangebote etc. aus.

→ **Duales System** Als Duales System bezeichnet man die Berufsausbildung im Ausbildungsbetrieb und in der Berufsschule.

→ **Erstuntersuchung** Vor Beginn einer Ausbildung muss der zukünftige Azubi eine ärztliche Bescheinigung über seine gesundheitliche Eignung für den Beruf vorlegen. Sonst darf ihn der Ausbildende nicht beschäftigen. Die Kosten für die Untersuchungen trägt das jeweilige Land.

Gesetzliche Regelung: § 32 JArbSchG

→ **Fahrzeiten** Deine Fahrzeiten zum Ausbildungsbetrieb werden nicht auf Deine Arbeitszeit angerechnet. Die Fahrzeiten von der Berufsschule zum Betrieb müssen dagegen auf Deine Arbeitszeit anrechnet werden.

→ **Freistellung** Der Ausbildende muss Dich für den Besuch der Berufsschule und für die Prüfungen freistellen. Freistellungen gibt es ferner bei einer behördlichen Vorladung oder der eigenen Eheschließung. Solltest Du ehrenamtlich tätig sein, z. B. als Mitglied der freiwilligen Feuerwehr, so muss er Dich auch hierfür freistellen. Bist Du Mitglied der Jugend- und Auszubildendenvertretung (JAV) oder des Betriebs- bzw. Personalrats, muss er Dich für Sitzungen und entsprechende Fortbildungsmaßnahmen freistellen.

Gesetzliche Regelung: § 15 (BBiG)

→ **Gefährliche Arbeiten** Alle Tätigkeiten, bei denen ein erhöhtes Unfallrisiko besteht und/oder die Deine Gesundheit gefährden, darf der Ausbildende Dir als Jugendlicher nicht übertragen. Gehört jedoch der Einsatz oder der Umgang mit gefährlichen Materialien Deiner Berufsausbildung, so muss dies unter strenger Aufsicht erfolgen.

→ **Haftung** Eine Haftung des Azubis gegenüber dem Ausbildungsbetrieb kommt im Wesentlichen nur in Fällen des Vorsatzes oder der groben Fahrlässigkeit zum Tragen.

→ **Handwerkskammer (HWK)** Die Handwerkskammer hat eine beratende und überwachende Funktion bei handwerklichen und handwerksähnlichen Berufsausbildungen. Sie überprüft Ausbildungsbetriebe und die Eignung von Ausbildern.

Gesetzliche Regelung: § 32, 34 BBiG

→ **Industrie- und Handelskammer (IHK)** Die Industrie- und Handelskammer hat eine beratende und überwachende Funktion in der Berufsausbildung, außer bei handwerklichen oder handwerksähnlichen Berufsbildern. Sie überprüft Ausbildungsbetriebe und die Eignung von Ausbildern. Daneben führt sie das Berufsausbildungsverzeichnis und organisiert Prüfungen.

Gesetzliche Regelung: § 32, 34 BBiG

→ **Jugend- und Auszubildendenvertretung (JAV)** Die Jugend- und Auszubildendenvertretung (JAV) ist die Interessenvertretung von Auszubildenden und jugendlichen Arbeitnehmern bis zum 25. Lebensjahr. Auszubildende dürfen bis zur Vollendung ihres 25. Lebensjahres wählen, andere Arbeitnehmer bis zur Vollendung ihres 18. Lebensjahres. Mitglieder der Jugend- und Auszubildendenvertretung haben einen besonderen Schutz.

Gesetzliche Regelung: § 60 BetrVG

→ **Jugendarbeitsschutzgesetz (JArbSchG)** Das Jugendarbeitsschutzgesetz (JArbSchG) schützt Jugendliche unter 18 Jahren in besonderer Weise. Es enthält u. a. spezielle Regelungen der Arbeitszeiten, der Pausen, über Schicht- und Nachtarbeit sowie hinsichtlich des Urlaubs. Ausbildende müssen eine aktuelle Version des Jugendarbeitsschutzgesetzes aushängen.

Gesetzliche Regelung: § 19 Abs. 2 JArbSchG

→ **Kindergeld** Während der Berufsausbildung hast Du Anspruch auf Kindergeld bis zum 25. Lebensjahr, wenn Dein Einkommen die Freigrenze von 8 004 € p. a. nicht überschreitet. Der Kindergeld-Anspruch endet mit dem Bestehen der Abschlussprüfung.

→ **Krankenkasse** Du bist mit Beginn Deiner Berufsausbildung zur Mitgliedschaft in einer Krankenkasse verpflichtet. Die gesetzlichen Krankenversicherungen erheben einen einheitlichen Krankenversicherungsbeitrag. Die Leistungen der Krankenkassen können trotz des einheitlichen Beitragssatzes leicht voneinander abweichen. Eine vorherige Information lohnt sich also. Dem Ausbildenden musst Du vor Beginn die Wahl Deiner Krankenkasse mitteilen.

→ **Krankmeldung** Wenn Du krank bist, solltest Du gleich am Morgen zum Telefon greifen, um den Ausbildenden zu benachrichtigen, dass Du wegen Arbeitsunfähigkeit Deine Arbeit nicht aufnehmen kannst. Ferner musst Du ein ärztliches Attest vorlegen.

→ **Kündigung** Das Berufsausbildungsverhältnis kann während der Probezeit vom Ausbildenden und von Dir jederzeit ohne Einhaltung einer Kündigungsfrist und ohne Angabe von Gründen schriftlich gekündigt werden. Nach der Probezeit muss der Ausbildende einen wichtigen Grund anführen, damit die Kündigung wirksam wird. Auch Du kannst kündigen, wenn Du die Berufsausbildung generell aufgeben oder eine andere Berufsausbildung durchführen möchtest.

Gesetzliche Regelung: § 22 BBiG

→ **Mietbeihilfe** Eine Mietbeihilfe wird nur dann genehmigt, wenn Du vor Deinem Umzug bei der zuständigen Behörde (ARGE oder Jobcenter) den Antrag gestellt hast. Den Antrag kannst Du auch dann stellen, wenn Du Berufsausbildungsbeihilfe (BAB) erhältst.

→ **Nachtarbeit** Jugendliche Azubis dürfen nur in der Zeit von 6.00 h bis 20.00 h beschäftigt werden. Jugendliche über 16 Jahre dürfen im Gaststätten- und Schaustellergewerbe bis 22.00 h, in einer Bäckerei oder Konditorei bereits ab 5.00 h und in der Landwirtschaft ab 5.00 h oder bis 21.00 h beschäftigt werden. In einem mehrschichtigen Betrieb kannst Du bis 23.00 h beschäftigt werden. Dies gilt aber nur wenn Du am nächsten Tag nicht schon vor 9.00 h zur Berufsschule musst; sonst darf Dich der Betrieb lediglich bis 20.00 h beschäftigen. 17-jährige Azubis im Bäckereihandwerk dürfen bereits ab 4.00 h beschäftigt werden.

Gesetzliche Regelung: § 14 JArbSchG

→ **Nachuntersuchung** Jugendliche Auszubildende müssen zwischen dem zehnten und 12. Monat der Berufsausbildung zu einer ärztlichen Nachuntersuchung gehen. Den Hinweis auf diese Untersuchung muss Dir der Ausbildende im neunten Ausbildungsmonat schriftlich geben. Die Bescheinigung musst Du dem Ausbildenden spätestens nach Ablauf von 14 Monaten Deiner Ausbildungszeit vorlegen. Ohne diese Bescheinigung darf Dich der Ausbildende nicht weiter beschäftigen.

Gesetzliche Regelung: § 33 Abs. 3 JArbSchG

→ **Pausen** Nach maximal viereinhalb Stunden Arbeitszeit steht Dir die erste Ruhepause zu. Bei einer Arbeitszeit von bis zu sechs Stunden stehen Dir mindestens 30 Minuten, bei einer Arbeitszeit von mehr als sechs Stunden 60 Minuten Pause zu. Diese Pausen dürfen frühestens eine Stunde nach Arbeitsbeginn und spätestens eine Stunde vor dem Arbeitsende der täglichen Arbeitszeit liegen. Als Pause gilt dabei eine Arbeitsunterbrechung von mindestens 15 Minuten. Tarifverträge oder Betriebs- bzw. Dienstvereinbarungen können günstigere Regelungen enthalten.

Gesetzliche Regelung: § 11 JArbSchG

→ **Personalakte** Der Ausbildende führt für alle Mitarbeiter Personalakten. Darin werden Bewerbungsunterlagen, der Ausbildungsvertrag, der individuelle Ausbildungsplan und weitere Unterlagen aufbewahrt, die den Mitarbeiter betreffen. Dazu gehören auch eventuelle Abmahnungen. Du kannst Deine Personalakte jederzeit einsehen.

→ **Personalrat** Analog für den Betriebsrat in der Privatwirtschaft gibt es im öffentlichen Dienst den Personalrat, der sich für die Rechte und Interessen aller Mitarbeiter in der betreffenden Behörde einsetzt.

→ **Personalversammlung** Auszubildende im öffentlichen Dienst können an der Personalversammlung mit den weiteren Beschäftigten teilnehmen. Die Dauer der Teilnahme wird auf Deine Arbeitszeit angerechnet.

→ **Probezeit** Die Probezeit muss mindestens einen Monat und darf maximal vier Monate betragen. Sie steht im Ausbildungsvertrag. Während der Probezeit kannst Du, aber auch der Ausbildende schriftlich ohne Angabe von Gründen kündigen. Jugendliche Auszubildende benötigen zur Wirksamkeit der Kündigung die Unterschrift der gesetzlichen Vertreter. Wird Dir als Jugendlicher Auszubildender gekündigt, so muss die Kündigung Deinen gesetzlichen Vertretern zugehen.

Gesetzliche Regelung: § 20, 22 BBiG

→ **Prüfungen** Der Ausbildende muss Dich für die anstehenden Prüfungen freistellen. Bereits einen Tag vor der schriftlichen Abschlussprüfung muss Dich der Ausbildende freistellen, wenn Du das 18. Lebensjahr noch nicht vollendet hast. Die Zeit Deiner Teilnahme an der Prüfung einschließlich der Pausen und Wegzeiten sind dabei auf Deine Arbeitszeit anzurechnen.

Die Zulassung zu den Prüfungen ist an Bedingungen geknüpft. Eine davon ist, dass Du die vorgesehene Ausbildungsdauer zur jeweiligen Prüfung zurückgelegt hast. Eine weitere Voraussetzung ist das Führen des Berichtshefts. Damit Du an der Abschlussprüfung teilnehmen kannst, musst Du auch an der Zwischenprüfung teilgenommen haben. Die gestreckte Abschlussprüfung besteht aus zwei Teilen. Die Abschlussprüfung kannst Du zweimal wiederholen. Das Ausbildungsverhältnis verlängert sich auf Dein Verlangen bis zur nächstmöglichen Wiederholungsprüfung, höchstens aber um ein Jahr.

Gesetzliche Regelung: § 37, 44, 48 BBiG 10 JArbSchG

→ **Schichtarbeit** Die Schichtzeit ist die Summe von Arbeitszeit und Pausen. Sie darf 10 Stunden nicht überschreiten. Arbeitet Dein Ausbildungsbetrieb im Schichtdienst, so darf er jugendliche Auszubildende bis 23 Uhr beschäftigen. Im Bergbau unter Tage darf die tägliche Schichtzeit maximal 8 Stunden, im Gaststättengewerbe, der Landwirtschaft und auf Bau- und Montagestellen 11 Stunden nicht überschreiten. Zwischen Feierabend und Arbeitsbeginn am nächsten Tag müssen mindestens zwölf Stunden liegen.

Gesetzliche Regelung: § 12 JArbSchG

→ **Schlichtungsausschuss** Der Schlichtungsausschuss schlichtet Auseinandersetzungen zwischen dem Azubi und dem Ausbildenden. Er setzt sich zu gleichen Teilen aus Vertretern der Arbeitgeber und Arbeitnehmern zusammen. Die Mitglieder, deren Tätigkeit ehrenamtlich ist, werden für höchstens vier Jahre berufen. Die Schlichter bemühen sich um eine gütliche Einigung. Sollte die Schlichtung dennoch fehlschlagen, besteht die Möglichkeit, Klage vor dem Arbeitsgericht zu erheben.

→ **Schlichtungsstelle** Gibt es Streitigkeiten während der Berufsausbildung, die von den Vertragspartnern nicht gelöst werden können, kann die Schlichtungsstelle der jeweiligen Kammer bzw. Innung angerufen werden. Diese setzt dann den Schlichtungsausschuss ein.

→ **Schwangerschaft** Während einer Schwangerschaft ist die Auszubildende besonders geschützt.

Gesetzliche Regelung: § 3,4,9 MuSchG

→ **Sonntagsarbeit** Der Ausbildende darf Jugendliche an Sonntagen grundsätzlich nicht beschäftigen. Ausnahmen gibt es jedoch auch hier, wenn Du in einem Krankenhaus, in der Kinder- und Altenpflege oder aber in einem Kinderheim tätig bist. Weitere Ausnahmen räumt der Gesetzgeber in der Landwirtschaft, im Schaustellergewerbe, bei Musik- und Theateraufführungen, bei Sportveranstaltungen und im ärztlichen Notdienst ein. Dabei darf der Azubi aber nur an jedem zweiten Sonntag im Monat beschäftigt werden. Für die Beschäftigung am Sonntag muss Dich der Ausbildende an einem anderen berufsschulfreien Arbeitstag freistellen.

Gesetzliche Regelung: § 17 JArbSchG

→ **Stillzeit** Auf Verlangen muss der Ausbildende die junge Mutter für die erforderliche Zeit zum Stillen, mindestens zweimal täglich eine halbe Stunde oder einmal täglich eine Stunde freistellen.

Ein Verdienstausfall darf Dir aus diesem Grund nicht entstehen.

Gesetzliche Regelung: § 7 MuSchG

→ **Teilzeitausbildung** Liegt ein wichtiger Grund vor, so kann Deine tägliche oder wöchentliche Arbeitszeit auf Antrag verkürzt werden, so dass Du Deine Berufsausbildung in Teilzeit absolvieren kannst.

Gesetzliche Regelung: § 8 BBiG

→ **Überbetriebliche Ausbildung** Eine überbetriebliche Ausbildung kann von Azubis verschiedener Ausbildungsbetriebe genutzt werden. Hier werden Ausbildungsinhalte vermittelt, die im Ausbildungsbetrieb nicht vermittelt werden können. Dadurch werden Defizite ausgeglichen, die auf Grund von betrieblichen Spezialisierungen entstehen können. Die sogenannten überbetrieblichen Lehrlingsunterweisungen (ÜLU) finden in produktionsunabhängigen, überbetrieblichen Werkstätten oder in den Räumen der jeweiligen Kammern bzw. Innung statt. Die Kosten für Deine Teilnahme trägt der Ausbildende.

Gesetzliche Regelung: § 5 Abs. 2 Punkt 6 BBiG

→ **Übernahme nach der Ausbildung** Nach bestandener Abschlussprüfung endet das Ausbildungsverhältnis. Innerhalb der letzten sechs Monate des Berufsausbildungsverhältnisses kannst Du mit dem Ausbildenden eine Vereinbarung über ein anschließendes Arbeitsverhältnis eingehen. Wurde keine Vereinbarung getroffen und Du arbeitest nach der Abschlussprüfung im Betrieb weiter, so ist damit ein unbefristetes Arbeitsverhältnis entstanden.

Gesetzliche Regelung: § 12 Abs. 1 BBiG

→ **Überstunden** Jugendliche Auszubildende dürfen nicht mehr als acht Stunden täglich arbeiten. Eine Verlängerung auf 8,5 Stunden ist möglich, wenn Du dadurch in Verbindung mit einem Feiertag einen weiteren Tag freinehmen möchtest.

Gesetzliche Regelung: § 8 JArbSchG

→ **Urlaub** Die Anzahl Deiner Urlaubstage ist im Berufsausbildungsvertrag festgehalten. Grundsätzlich muss Dir der gesetzlich vorgeschriebene Mindesturlaub gewährt werden. Jugendlichen soll der Urlaub in den Berufsschulferien gewährt werden. Analog zum Bundesurlaubsgesetz gilt, dass der Urlaub zusammenhängend gewährt werden soll. Mindestens zwei Wochen des Urlaubs müssen am Stück gewährt werden.

Gesetzliche Regelung: § 19 JArbSchG.

→ **Verkürzung der Ausbildungsdauer** Die Ausbildungsdauer kann verkürzt werden, wenn der Ausbildende damit einverstanden ist und Du die Voraussetzungen erfüllst, wie z. B. einen höheren Schulabschluss oder eine berufsbildende Schule besucht hast. Eine Verkürzung auf Grund guter Leistungen kann zur vorzeitigen Prüfungszulassung führen.

Gesetzliche Regelung: § 8 BBiG

→ **Verschwiegenheitspflicht** Du bist verpflichtet, über alle Betriebs- und Geschäftsgeheimnisse Stillschweigen zu bewahren.

→ **Gehorsamspflicht** Den Anweisungen von weisungsbefugten Personen (Ausbildender und Ausbildern), die dem Ausbildungszweck dienen, ist Folge zu leisten.

→ **Wohngeld** Wenn die Entfernung zum Ausbildungsbetrieb zu weit ist, kannst Du u. U. Wohngeld beantragen. Erhältst Du jedoch eine Berufsausbildungsbeihilfe, dann ist in dem errechneten Betrag bereits ein pauschaler Mietzuschuss enthalten. Zusätzlich kannst Du zu dem pauschalen Zuschuss eine Mietbeihilfe beantragen. Das

Wohngeld wird nicht rückwirkend gezahlt. Den Antrag musst Du bei der Wohngeldstelle Deiner Gemeinde stellen. Tipp: Gebührenbefreiung (GEZ) beantragen.

→ **Zeugnisse** Nach erfolgreicher Beendigung Deiner Berufsausbildung hast Du Anspruch auf drei Zeugnisse. Ein Prüfungszeugnis, ausgestellt von der jeweiligen Kammer, ein Berufsschulzeugnis, ausgestellt von der Berufsschule und ein Ausbildungszeugnis, ausgestellt durch den Ausbildenden. Hierbei ist zwischen einem einfachen und qualifizierten Ausbildungszeugnis zu unterscheiden. Ein einfaches Ausbildungszeugnis beschreibt lediglich Art, Dauer und Ziel der Berufsausbildung und die erworbenen Fertigkeiten und Kenntnisse. Ein qualifiziertes Ausbildungszeugnis enthält neben diesen Angaben eine Beurteilung Deiner Leistungen, Deines Verhaltens und Deiner besonderen fachlichen Fähigkeiten.

22 | Nützliche Links

Bundesvereinigung der Deutschen Arbeitgeberverbände	www.bda-online.de
Bundesarbeitgeberverband Chemie	www.bavc.de
Bundesverband der Deutschen Entsorgungswirtschaft	www.bde.org
Bundesverband der Deutschen Industrie	www.bdi.de
Gesamtverband der Arbeitgeberverbände der Metall- und Elektro-Industrie e. V.	www.gesamtmetall.de
Deutscher Industrie- und Handelskammertag	www.dihk.de
Zentralverband des Deutschen Handwerks e. V.	www.zdh.de
Deutsche Handwerkskammern	www.handwerkskammer.de
Handelsverband Deutschland HDE	www.einzelhandel.de
Bundesarchitektenkammer	www.bak.de
Bundesapothekerkammer	www.abda.de
Bundesärztekammer	www.bundesaerztekammer.de
Bundesingenieurkammer	www.bundesingenieurkammer.de
Bundesnotarkammer	www.bnotk.de
Bundespsychotherapeutenkammer	www.bptk.de

Bundesrechtsanwaltskammer	www.brak.de
Bundessteuerberaterkammer	www.bstbk.de
Bundestierärztekammer	www.bundestieraerztekammer.de
Bundeszahnärztekammer	www.bzaek.de
Patentanwaltskammer	www.patentanwalt.de
Wirtschaftsprüferkammer	www.wpk.de
Berufsausbildungsbeihilfe	www.bab-rechner.arbeitsagentur.de
Auslandsausbildung/Europass	www.europass-info.de

23 | Wesentliche gesetzliche Grundlagen

Anspruch auf Ausbildungsvergütung

§§ 17–19 BBiG Vergütungsanspruch Regelt den Anspruch auf eine jährlich steigende Ausbildungsvergütung sowie deren Fälligkeit und Fortzahlung.

Aushänge

§ 40 JArbSchG Gefährdungsvermerk Schützt Jugendliche vor der Ausführung von Gesundheits- und Entwicklungsgefährdenden Arbeiten.

§ 48 JArbSchG Aushang über Arbeitszeit und Pausen Regelt, dass Ausbildende, die regelmäßig mindestens drei Jugendliche beschäftigen, einen Aushang an geeigneter Stelle im Betrieb anbringen müssen, der Auskunft über den Beginn und das Ende der regelmäßigen täglichen Arbeitszeit sowie der Pausen gibt.

Beginn und Beendigung des Ausbildungsverhältnisses

§ 20 BBiG Probezeit Gibt Auskunft über die Mindest- und Höchstdauer der Probezeit.

§ 22 BBiG Kündigungsrechte Beschreibt die Kündigungsgründe von Auszubildenden und Ausbildenden, sowie die Form und die einzuhaltenden Fristen.

§ 23 BBiG Schadensersatzansprüche Gibt Auskunft über evtl. Schadensersatzansprüche bei vorzeitiger Auflösung des Vertragsverhältnisses.

Berufsausbildungsvertrag – Niederschrift und nichtige Vereinbarungen

§ 11 BBiG Vertragsniederschrift Regelt die Verpflichtung zur Schriftform des Ausbildungsvertrags.

§ 12 BBiG Nichtige Vereinbarungen Gibt Auskunft über Vereinbarungen, die nicht im Ausbildungsvertrag enthalten sein dürfen.

Beschäftigungsverbote und Beschränkungen

§§ 22–23 JArbSchG Gefährliche und tempoabhängige Arbeiten Regelt die Beschäftigungsverbote für Jugendliche und die jeweiligen Ausnahmen.

Betriebliche und persönliche Eignungsvoraussetzungen

§§ 27–30 BBiG Eignung für Ausbildung Beschreiben die Vorgaben über die Eignung der Ausbildungsstätte, der Ausbildenden und der Ausbilder.

Freistellung

§§ 9–10 JArbSchG Freistellungen Regelt die Freistellung von Auszubildenden für die Teilnahme am Berufsschulunterricht und an Prüfungen und die Anrechnungszeiten für jugendliche Auszubildende.

§§ 43–44 JArbSchG Freistellung und Kostenübernahme Regelt die Freistellung für die jeweilig anstehende Untersuchung und die Kostenübernahme der Untersuchung.

Gesundheitliche Betreuung von Jugendlichen

§§ 32–35 JArbSchG Untersuchungen Regelt die Erstuntersuchung sowie die Nachuntersuchungen bei Jugendlichen.

Mutterschutz

§§ 3–4 MuSchG Beschäftigungsverbot Regelt die Beschäftigungsverbote bei gefährlichen Arbeiten und die Beschäftigungsverbote innerhalb der gesetzlich vorgeschriebenen Fristen.

§ 5 MuSchG Mitteilungspflicht Regelt die Mitteilungspflicht von werdenden Müttern und von Arbeitgebern.

§ 7 MuSchG Stillzeiten Gibt Auskunft über die durch den Arbeitgeber zu gewährenden täglichen Stillzeiten.

§ 9 MuSchG Kündigungsverbote Regelt das Kündigungsverbot während der Schwangerschaft und nach der Geburt.

§ 11 MuSchG Entgeltfortzahlung Regelt die Entgeltfortzahlung, wenn werdende Mütter teilweise oder völlig mit der Arbeit aussetzen.

§ 9 MuSchG Urlaubsanspruch Beschreibt den bleibenden Anspruch auf bezahlten Erholungsurlaub nach Ablauf der Schutzfristen.

Pausenregelung und Freizeit

§ 11 JArbSchG Ruhepausen, Aufenthaltsräume Regelt die Dauer der Pausen von jugendlichen Auszubildenden, die zu einem bereits im Voraus festgelegten Zeitpunkt stattfinden müssen und darüber hinaus die Mindestdauer der Pausen.

§ 12 JArbSchG Schichtzeit Regelt die Schichtzeit (Arbeitszeit und Pausen) von Jugendlichen im Bergbau, in der Landwirtschaft, im Gastgewerbe und auf Bau- und Montagestellen.

§ 13 JArbSchG Tägliche Freizeit Nach Beendigung der täglichen Arbeitszeit dürfen Jugendliche nicht vor Ablauf einer ununterbrochenen Freizeit von mindestens 12 Stunden beschäftigt werden.

§ 14 JArbSchG Nachtruhe Regelt den Arbeitsbeginn und das Arbeitsende bei Jugendlichen unter Berücksichtigung des jeweiligen Alters.

§ 15 JArbSchG Fünf-Tage-Woche Regelt die Beschäftigung von Jugendlichen an fünf Tagen und die nach Möglichkeit aufeinanderfolgenden Ruhetage.

§§ 16–18 JArbSchG Samstags-, Sonntags- und Feiertagsruhe Regelt das Beschäftigungsverbot für Jugendliche und die jeweiligen Ausnahmen.

Pflichten der Vertragspartner

§ 13 BBiG Pflichten der Auszubildenden Beschreibt das ersuchte Verhalten während der Ausbildung.

§§ 14–16 BBiG Pflichten der Ausbildenden Beschreibt alle Pflichten während der Ausbildung, – auch die Pflicht der Freistellung, sowie den Anspruch auf das Ausbildungszeugnis bzw. qualifiziertes Ausbildungszeugnis.

Prüfungswesen

§§ 48, 37 BBiG Zwischen- und Abschlussprüfung Gibt Auskunft über die vorgeschriebenen Zwischen- und Abschlussprüfungen in anerkannten Ausbildungsberufen und deren Wiederholbarkeit.

§ 38 BBiG Prüfungsgegenstand Beschreibt die Inhalte der Prüfung, die anhand der jeweiligen Ausbildungsordnung erstellt werden.

§ 43 BBiG Zulassungsvoraussetzungen Beschreibt die Zulassungsvoraussetzungen zur Abschlussprüfung für Auszubildende der dualen Berufsausbildung, berufsbildenden Schulen und sonstigen Berufsbildungseinrichtungen.

§ 44 BBiG Gestreckte Abschlussprüfung Beschreibt Zulassungsvoraussetzungen zu Teil I und Teil II sowie die

Ausnahmeregelung Teil I zusammen mit Teil II abzulegen.

§ 45 BBiG Zulassung in besonderen Fällen Beschreibt die Zulassungsvoraussetzungen für die Externenprüfung.

§ 46 BBiG Entscheidung über die Zulassung Beschreibt die Möglichkeit der Zulassung durch den Prüfungsausschuss.

§§ 50–50 a BBiG Gleichstellung und Gleichwertigkeit Beschreiben die Gleichstellung und Gleichwertigkeit von Prüfungen, wenn die Berufsausbildung und die in der Prüfung nachzuweisenden beruflichen Fertigkeiten, Kenntnisse und Fähigkeiten sowie die im Ausland erworbenen beruflichen Qualifikationen gleichwertig sind.

Sonstige Vorschriften

§ 25 BBiG Nichtigkeit von Vereinbarungen Beschreibt, dass Vereinbarungen, die zuungunsten des Auszubildenden abweichend von gesetzlichen Regelungen getroffen werden, nichtig sind.

Tägliche und wöchentliche Arbeitszeit

§ 4 JArbSchG Arbeitszeit Gibt Auskunft über die tägliche Arbeitszeit vom Beginn bis zum Ende der täglichen Arbeitszeit ohne Pausen, sowie die Berechnung der wöchentlichen Arbeitszeit. Darüber hinaus klärt er die Anrechnung von gesetzlichen Feiertagen auf die Arbeitszeit und regelt die Beschäftigung bei mehreren Arbeitgebern (Ausbildungsbetrieben).

§ 6 JArbSchG Behördliche Ausnahmen Beschreibt Ausnahmeregelungen durch die Aufsichtsbehörde, z. B. bei Theatervorstellungen, Musikaufführungen etc. Weiterhin wird die täglich zulässige Beschäftigungsdauer, die Ruhepausen und die Höchstdauer des täglichen Aufenthalts an der Beschäftigungsstätte geregelt.

§ 8 JArbSchG Dauer der Arbeitszeit Gibt Auskunft über die regelmäßige tägliche und die wöchentliche Arbeitszeit.

Urlaubsregelung

§ 19 JArbSchG Erholungsurlaub für Jugendliche Regelt die altersabhängige Anzahl der Urlaubstage von Jugendlichen.

§ 3 BurlG Erholungsurlaub für Erwachsene Regelt den gesetzlichen Mindesturlaub von erwachsenen Auszubildenden.

Verkürzung und Verlängerung der Ausbildungsdauer

§ 7 BBiG Anrechnung beruflicher Vorbildung Regelt die Anrechnungsmöglichkeit auf die Dauer der Ausbildung.

§ 8 BBiG Verkürzung und Verlängerung Regelt die Verkürzung der Ausbildungsdauer auf Antrag von Ausbildendem und Auszubildendem.

Verzeichnis der Ausbildungsverhältnisse

§§ 34–36 BBiG Verzeichnis der Berufsausbildungsverhältnisse Beschreiben das Führen und das Aktualisieren des Verzeichnisses der Berufsausbildungsverhältnisse.

Weiterbeschäftigung

§ 24 BBiG Begründung eines unbefristeten Arbeitsverhältnis Beschreibt die Begründung eines Arbeitsverhältnisses auf unbestimmte Zeit (unbefristetes Arbeitsverhältnis) ohne ausdrückliche Vereinbarung.

§ 78 a BetrVG Schutzbestimmungen für Mitglieder der Jugend- und Auszubildendenvertretung (JAV) Regelt die Übernahme auf unbestimmte Zeit (unbefristetes Arbeitsverhältnis) von Mitgliedern der Jugend- und Auszubildendenvertretung nach der Beendigung des Berufsausbildungsverhältnisses.

Index

Fachbücher aus dem weConsult-Verlag

Peter Collier, Volker Wedde
Geprüfter Handelsfachwirt/in werden
Anleitung für eine erfolgreiche Prüfung vor der IHK

Taschenbuch, 348 Seiten, 23,80 Euro

10. Aufl. 2010, ISBN 978-3-87717-713-6

Peter Collier, Volker Wedde
Formelsammlung für Handelsfachwirte und andere IHK Fortbildungsprüfungen

Taschenbuch, 76 Seiten, 9,80 Euro

3. Aufl. 2010, ISBN 978-3-87717-712-9

Peter Collier, RA Günter Stock
Ein Pfad durch den Dschungel des Wettbewerbsrechts

Taschenbuch, 124 Seiten, 12,80 Euro

5. völlig überarbeitete Auflage 2011, ISBN 978-3-87717-829-4

Peter Collier, Norbert Hitter, Volker Wedde
Formelsammlung für Handelsassistenten
Taschenbuch, 76 Seiten, 9,80 Euro
ISBN 978-3-87717-826-3

Von den gleichen Autoren:
Kaufmännische Formelsammlung
Taschenbuch, 96 Seiten, 9,80 Euro
ISBN 978-3-87717-828-7

Collier, Hitter, Schulte, Zimmermann
Geprüfter Handelsassistent werden
Intensivtraining für eine erfolgreiche IHK-Prüfung
352 Seiten, 23,90 €
ISBN 978-3-87717-836-2

Peter Collier, Reinhard Fresow, Klaus Steines
Geprüfter Fachwirt werden
Intensivtraining für eine erfolgreiche IHK-Prüfung
„Wirtschaftsübergreifende Qualifikationen“ für alle Fachwirte der Dienstleistungsfamilie.
170 Seiten, 16,90 €
ISBN 978-3-87717-841-6

Peter Collier, Reinhard Fresow, Klaus Steines, Volker Wedde
Geprüfter Wirtschaftsfachwirt werden
Intensivtraining für eine erfolgreiche IHK-Prüfung
268 Seiten, 23,90 €
ISBN 978-3-87717-833-1

Peter Collier, Reinhard Fresow, Klaus Steines, Volker Wedde
Geprüfter Industriefachwirt werden
Intensivtraining für eine erfolgreiche IHK-Prüfung
268 Seiten, 23,90 €
ISBN 978-3-87717-827-0